Les œufs de Yoni

pour révéler son potentiel féminin

AVERTISSEMENT

Ce livre ne se substitue pas aux conseils d'un médecin.

Si vous venez d'accoucher, demandez d'abord conseil à votre médecin ou à votre gynécologue. Si vous êtes enceinte ou si vous souffrez d'une infection (du vagin, de la vulve ou de la vessie) ou de tout autre problème gynécologique, n'utilisez pas les œufs de Yoni. En cas de doute, n'hésitez pas à consulter.

Veillez également à respecter les règles d'hygiène concernant l'utilisation des œufs, détaillées dans cet ouvrage.

ISBN : 978-2-8132-1680-9

Illustrations au trait : © Delétraz
Toutes les autres œuvres en couleurs : © Francesca Volchitza Martha
Photographies des pierres : © www.oeufs-de-yoni.com
Mise en page : Élisabeth Chardin

www.editions-tredaniel.com
info@guytredaniel.fr
www.facebook.com/editions.tredaniel

Peggy Tournigand

Les œufs de Yoni

pour révéler son potentiel féminin

Guy Trédaniel éditeur
19, rue Saint-Séverin
75005 Paris

SOMMAIRE

REMERCIEMENTS

Je tiens à remercier tout particulièrement Claudie Morizot, qui m'a initiée à la pratique des œufs de Yoni. Grâce à notre rencontre, j'ai osé expérimenter cette pratique millénaire. J'ai adoré nos rendez-vous pratiques et techniques, toujours remplis de joie et de bonne humeur. Avec elle, il est tellement simple de se livrer sur ses peurs et ses doutes et de parler sans retenue de son intimité, de sa sensualité et de sa sexualité !

J'ai beaucoup de gratitude pour tout le travail professionnel et personnel réalisé avec Efféa Aguiléra. Elle est une pionnière sur le sujet de la prise en compte du périnée dans la posture et dans l'énergie de la femme. Sa douceur et sa bienveillance, ainsi que sa constance et sa puissance, m'inspirent beaucoup.

J'aimerais également remercier Jacques Ferber, avec qui j'ai découvert le tantra, dans le respect du rythme de chacun. J'ai aimé cette mise à nu qui m'a rendue plus consciente de ma puissance féminine. Jacques a su me montrer toute la beauté et la fragilité de l'homme et de la femme. Grâce à ses enseignements, je me sens complète, alignée et « connectée à ma Yoni ».

Caroline Gauthier suscite mon admiration par sa capacité à jouer avec ses polarités masculine et féminine. Elle m'impressionne toujours par son aptitude à se laisser inspirer par ce qui est et à passer à l'action. Elle a un véritable don d'écriture et d'imagination.

Merci à Véronique Martin pour sa disponibilité. J'adore sa manière de synthétiser, simplifier et expliquer le pouvoir des pierres. Elle rend cette pratique accessible à tous.

Merci à Marie Sahuguede d'accompagner les femmes sur un sujet aussi difficile et traumatisant que l'avortement. Je suis ravie d'avoir pu participer à mettre en lumière son travail, qui me touche énormément.

Un grand merci à Mélanie Rey et à Sabine Rainard, pour avoir osé se livrer et partager avec autant d'intensité et d'authenticité leurs blessures et leur renaissance.

Je remercie plus largement toutes les femmes qui font partie du groupe privé Facebook « œufs de Yoni ». Merci pour leurs échanges et témoignages touchants, drôles, poignants... C'est un véritable délice de les lire et de se laisser porter par toute cette bienveillance.

Merci aux artistes de ce livre : Francesca Volchitza Martha, dont j'adore la force des peintures et des dessins sur la femme et le couple, Julien Ribeill, pour sa musique du rituel de l'accueil de l'œuf, ainsi qu'à Cédric Lebigre pour sa musqiue de la méditation du choix de l'œuf. Thierry Delétraz, pour ses schémas épurés et clairs.

J'ai beaucoup de reconnaissance pour l'ensemble de l'équipe de l'Académie du développement personnel, qui est un véritable pilier sans lequel je n'aurais pas pu prendre le temps d'écrire, d'enregistrer la méditation de l'accueil de l'œuf ni faire les interviews pour ce livre.

Merci à Joanne, qui m'a permis de concrétiser ce projet de livre, ainsi qu'à toute l'équipe des éditions Guy Trédaniel. Merci aussi à Alix de m'avoir aidée à structurer son contenu.

Merci à Jeff, qui m'apporte son soutien inconditionnel depuis tant d'années et qui sait toujours trouver les mots justes pour que j'ose créer, entreprendre, aller de l'avant, malgré mes craintes et mes doutes.

J'ai une douce pensée pour les femmes de ma lignée sur lesquelles je peux toujours m'appuyer lorsque j'en ai besoin. Leur énergie est une aide précieuse dans mon quotidien.

À ma famille, toujours présente et encourageante quels que soient mes choix.

Merci à la vie, qui m'apporte tous les jours ses cadeaux, ses surprises et ses défis.

PRÉFACE D'EFFÉA AGUILÉRA

Quel élan, quelle vitalité, quelle intensité dans le mouvement des femmes depuis quelques années ! J'en suis tout émerveillée. La parole se libère, le corps se met en mouvement, des espaces s'ouvrent. Les femmes souhaitent se connaître, se déployer, s'aimer. Sur ce chemin, beaucoup rencontrent l'œuf de Yoni ou en ressentent l'appel, comme elles le disent parfois. Elles ont intuitivement conscience que quelque chose de puissant et libérateur s'invite sur leur chemin de femme, de féminité, de sensualité, de sexualité.

Ce livre est pour vous qui découvrez la pratique de l'œuf de Yoni et qui vous posez des questions. Il vous guide pas à pas grâce à la délicatesse et à la sensibilité de Peggy, qui suggère, invite et ouvre des espaces pour pratiquer, mais aussi pour mieux vous comprendre, vous connaître.

J'ai rencontré Peggy il y a quelque temps lors d'un atelier que j'animais, dont l'objectif était de libérer les mémoires et croyances contenues dans notre périnée. Nos sensibilités se sont rencontrées, et Peggy m'a proposé d'animer une formation sur le thème du périnée féminin dans le cadre de l'Académie du développement personnel, qu'elle a co-créée avec Jeff, son compagnon. Pendant plusieurs mois, nous avons échangé, dialogué et animé ensemble ce cycle. Nous avons ainsi appris à nous connaître. La confiance, l'énergie subtile et la vitalité de nos échanges m'ont fait immédiatement dire oui à une autre proposition, l'enregistrement de visualisations qui aident à libérer l'élan de vie. J'ai ressenti la patience, la bienveillance, la confiance et le soutien que Peggy insuffle avec un naturel, une joie et une authenticité qui me touchent et qui, je n'en doute pas, vous accompagneront tout au long de ces pages.

Quand Peggy m'a parlé de ce projet de livre, quand j'ai eu l'occasion d'en admirer quelques illustrations, j'ai immédiatement ressenti le précieux d'un ouvrage comme celui-ci pour toutes les femmes qui ressentent l'élan, découvrent cette pratique et se posent des questions. Car, tout en expliquant à notre mental, il est important de le rassurer afin que s'ouvrent cœur et corps dans la fluidité et la respiration. Cette approche n'est pas une simple technique pour renforcer une « mécanique locale », elle est bien plus que cela. Elle touche, en effet, à différents plans, tant corporels qu'émotionnels et énergétiques. Spirituels aussi. De fait, se respecter et approcher ce qui se joue pour notre intime est essentiel.

C'est en cela que ce livre est précieux, comme un cadeau pour se découvrir par la pratique de l'œuf dans une approche que les femmes d'Occident s'approprient maintenant et dont il est important d'honorer la source.

Efféa Aguiléra,
créatrice de l'approche « Découvrir le potentiel du périnée® ».

PRÉFACE DE CLAUDIE MORIZOT

Enfin un livre pour les femmes.

Un livre qui explique aux femmes une pratique ancestrale perdue.

D'ailleurs, il n'y a pas que cette pratique que nous ayons perdue.

Nous avons aussi perdu la transmission des connaissances des femmes aux femmes. Nous avons perdu les connaissances qui nous permettaient d'être connectées à notre corps, à notre intuition, à notre puissance de femme. La pratique de l'œuf de Yoni va vous permettre de vous reconnecter à tout cela et plus encore.

Ce fut un grand plaisir de faire découvrir la pratique de l'œuf de Yoni à Peggy. Entre technique et pratique, rires et émotions, questions et partages, nous avons pu nous rencontrer en tant que femmes à la découverte de l'énergie de la Déesse.

Aujourd'hui, je suis heureuse qu'un tel livre puisse voir le jour.

En lisant ce livre et en suivant ses indications et conseils, votre vie en sera changée.

Vous entrez dans le cercle des femmes qui prennent leur corps et leur vie en main. Et vous avez la mission de transmettre ce que vous aurez découvert et appris.

Je vous souhaite une belle aventure pleine de découvertes.

Claudie Morizot,
coach en sensualité et sexualité et spécialiste du massage taoïste.

INTRODUCTION

Un œuf de Yoni est un œuf en pierre que vous introduisez dans votre vagin. Oui, vous avez bien lu : dans votre vagin. Cette pratique peut, au premier abord, vous sembler bizarre, et pourtant… vous allez découvrir qu'elle peut changer votre vie !

Cette pratique secrète est très ancienne, puisqu'elle remonte à plusieurs millénaires. En Chine ancienne, elle était alors réservée aux impératrices et aux concubines de l'empereur. Certaines personnes pensent qu'à l'origine elle était enseignée à ces femmes pour qu'elles plaisent sexuellement au roi…

Aujourd'hui, les œufs de Yoni restent assez méconnus en Occident. Et, pourtant, les personnes qui les utilisent régulièrement soulignent leurs nombreux bénéfices, aussi bien sur le plan physique qu'émotionnel ou sexuel.

Au fil des utilisations de l'œuf, vous allez sentir que quelque chose se passe à l'intérieur de vous…

- Au niveau du bas-ventre, avec une tonification du périnée (ce qui est un préalable indispensable pour une vie sexuelle épanouie et pour une bonne santé physique).
- Au niveau de tout votre corps, avec une augmentation de votre énergie, et donc avec des bienfaits physiques réels.
- Au niveau de votre tête, avec une meilleure régulation de vos émotions (en fonction de la pierre choisie).

Cela peut paraître bizarre d'introduire un œuf en pierre dans son vagin, mais, il faut bien l'admettre, on ressent physiquement, émotionnellement et énergétiquement un changement. Vous allez aussi constater des changements plus subtils, surtout dans le regard que les autres portent sur vous. Ils ne savent pas ce qui a changé, mais ils constatent quelque chose de différent en vous ! La raison ? Cette énergie nouvelle qui vous fait littéralement rayonner... Les résultats sont vraiment bluffants !

Vous sentez que tout va trop vite dans votre vie ? Vous avez envie de renouer avec votre féminité et votre puissance féminine ? Vous désirez renforcer votre vitalité, gagner en énergie ou en sérénité ? Les œufs de Yoni sont faits pour vous ! Ils vont vous aider à vous écouter en vous recentrant sur vous-même et en prenant du temps pour vous. Personne d'autre que vous ne sait ce qui est bon pour vous, car vous êtes votre propre guérisseuse intérieure !

YONI : LE VAGIN ET L'ÉNERGIE FÉMININE

La Yoni est un terme sanskrit qui désigne le sexe féminin dans son ensemble, les organes génitaux, notamment la vulve, le vagin et l'utérus. Dans la tradition indienne, il est le passage divin ou la source de l'origine de la vie. Il représente aussi l'énergie féminine, Shakti dans le tantra. Il est associé au Lingam, qui est l'énergie masculine, aussi appelée Shiva. Shakti et Shiva représentent les principes féminin et masculin, l'unité, l'un, le tout.

Notez que le terme Yoni est normalement masculin. Mais comme il paraît étrange d'utiliser le masculin pour un mot éminemment féminin, nous avons pris le parti, dans ce livre, de parler de LA Yoni.

Une pratique aux très nombreux bienfaits...

La pratique de l'œuf permet de prendre soin de sa Yoni. Apporter de la conscience dans cette partie du corps va apporter de nombreux bénéfices...

Vous allez acquérir une meilleure connaissance de cette zone du corps, qui est souvent délaissée car tabou, secrète.

Vous allez développer le tonus du périnée, un muscle ou plutôt un ensemble de muscles qui a un rôle essentiel mais pourtant assez mal connu. Un périnée bien musclé permet notamment d'éviter les fuites urinaires (dues à l'âge, aux accouchements...) et d'empêcher les descentes d'organes.

Vous allez profiter d'une vie sexuelle plus épanouie : en stimulant votre périnée grâce à la pratique des œufs de Yoni, vous le rendez plus souple et plus sensible, ce qui permet de développer votre propre plaisir. En sachant serrer, contracter, repousser le sexe de votre partenaire avec tous vos muscles, vous découvrez de nouvelles variantes, pour un plaisir renouvelé. Cela permet aussi d'avoir une meilleure lubrification, ce qui est un préalable essentiel à la pénétration. Vous pouvez également donner plus de plaisir à l'homme, en maîtrisant son érection et son éjaculation. Ainsi, vous apprendrez à jouer – et à jouir – ensemble.

Vous allez vous autoguérir. Les contractions périnéales et vaginales ont des vertus thérapeutiques, en agissant directement sur certains points d'acupuncture. Les œufs de Yoni vont aussi vous permettre d'améliorer les troubles liés aux cycles ou à la ménopause (par exemple en stimulant la glande de Bartholin, située à l'intérieur du vagin, ce qui permet d'avoir une meilleure lubrification et donc de lutter contre la sécheresse vaginale). Les œufs vous permettent aussi d'améliorer l'oxygénation des tissus grâce à l'augmentation des circulations sanguine, énergétique, lymphatique et hormonale. Enfin, en augmentant votre énergie sexuelle, vous renforcez votre santé et votre longévité, selon les principes du taoïsme.

Vous allez retrouver ou développer votre puissance de femme. La puissance sexuelle est une puissance de vie. Le vagin correspond en effet au premier chakra : c'est le chakra de base ou la racine. C'est de là que démarre la vie. Or, malheureusement et trop souvent, la femme se coupe de ce centre vital, du sexe, voire de la sexualité, et donc de cette formidable source d'énergie. Avec les œufs de Yoni, vous allez pouvoir renouer avec elle, et retrouver toute votre puissance sexuelle, étroitement liée à la libido, à l'énergie, à la créativité et à la spiritualité.

Vous allez vous reconnecter à vous-même. Avec l'œuf, vous allez apprendre à vous écouter, à entendre ce que votre corps vous dit, à prêter attention à vos émotions. En fonction des pierres choisies, vous allez acquérir davantage de sérénité, de joie, de clairvoyance sur ce que vous êtes en train de faire. Vous allez apprendre la confiance en vous, la lenteur et la patience.

Et vous allez découvrir bien d'autres choses encore... Chaque femme est unique et sera plus ou moins sensible à certains bénéfices des œufs. Il suffit simplement de se laisser aller et d'observer ce qu'il se passe...

Comment j'ai découvert cette pratique...

J'ai découvert les œufs de Yoni il y a plusieurs années par l'intermédiaire de l'actrice américaine Gwyneth Paltrow, qui en faisait la promotion. J'avais trouvé cette pratique intéressante, mais peu d'informations sur le sujet étaient alors disponibles. À cette époque, je ne m'étais donc pas sentie prête pour explorer ce sujet seule...

Il y a quelques années, j'ai fondé l'Académie du développement personnel (www.academie-developpement-personnel.com) avec Jeff, mon ex-amoureux et associé. L'académie propose des programmes en ligne en lien avec le développement personnel et spirituel. Ces programmes sont créés par des experts, des coachs, des thérapeutes, des formateurs reconnus dans leur domaine d'action. La mission de l'académie est de rendre accessible le travail de ces spécialistes au grand public qui a envie de se découvrir, d'apprendre à se connaître afin de mieux comprendre les autres.

Aujourd'hui, l'académie est une véritable communauté de passionnés en développement personnel et spirituel. Elle compte plus de 600 000 personnes. Lors de la création du programme « Découvrez la déesse qui est en vous pour attirer et nourrir l'amour »[1], avec Claudie Morizot, coach en sensualité et sexualité et spécialiste du massage taoïste, et Jacques Ferber, enseignant en tantra, le sujet des œufs de Yoni a été abordé... à ma grande joie !

---

1. Lien du webinaire avec Claudie Morizot et Jacques Ferber : https://cursus.academie-developpement-personnel.com/webinaire-pouvoir-d-attractionxsr352mf?utm_source=site_ADP.

C'est donc grâce à cette rencontre avec Claudie Morizot que j'ai fait le premier pas en confiance vers la pratique des œufs de Yoni. J'ai découvert avec plaisir et délice les bienfaits et les effets de cette pratique. J'ai ressenti des changements profonds en moi, aussi bien sur le plan physique qu'émotionnel et énergétique. Encore plus bluffant, ces changements étaient visibles par les autres. Ils ne parvenaient pas à identifier ce qui avait changé, mais ils avaient remarqué en moi quelque chose de différent…

Au même moment, j'ai fait la connaissance d'Efféa Aguiléra, spécialiste du périnée, pour un autre programme baptisé « Découvrez les qualités de votre périnée et intégrez-les dans votre vie »[2]. Ce fut également une révélation. J'ai alors pris conscience de la puissance et de l'énergie que nous pouvons créer en connaissant bien cette partie de notre corps. Les propositions d'Efféa rejoignaient et complétaient les pratiques que j'avais apprises en yoga. Elles amenaient en moi beaucoup de douceur, de conscience, de ressenti et d'énergie dans mon corps.

Ces deux rencontres m'ont permis de faire un focus en profondeur et en conscience sur la puissance de mon sexe, de mon périnée et de mon bassin. Et surtout de me rendre compte que, si j'active régulièrement et en conscience cette partie, tout se met en mouvement dans ma vie et dans mes relations. Cette pratique m'a aussi permis d'affiner la connaissance de mon cycle menstruel et donc de mieux connaître mon corps et mes états émotionnels. Elle me permet de m'écouter.

---

2. Lien du webinaire avec Efféa Aguiléra : https://cursus.academie-developpement-personnel.com/webinaire-prendre-soin-de-soi-enregistrement14132821?utm_source=site_AD.

Le yoga, le tantra, le chant, la danse et les œufs...

Au fil de mes découvertes, j'ai compris que tout ce que j'avais appris en yoga, en tantra, en sophrologie me permettait d'appréhender facilement la pratique de l'œuf. Aujourd'hui, j'ai envie de vous transmettre les bienfaits de l'œuf de Yoni en utilisant ces différentes approches qui me sont chères.

En yoga, lorsque nous faisons les asanas (les postures), nous faisons appel à notre périnée pour avoir plus d'ancrage, de stabilité et de persévérance dans la pratique et la tenue des postures. Lorsque nous réalisons les pranayama (exercices de respiration), nous y associons souvent le mouvement du périnée. Tout ce travail permet d'apporter de la fluidité dans notre corps et de faire circuler l'énergie que nous portons en nous.

Le chant aussi apporte une véritable vitalité. Durant un an, j'ai suivi un coaching vocal avec Marie Verguet. Je me suis rendu compte qu'après les cours j'étais plus créative, j'étais de très bonne humeur, je me sentais à ma place... L'un des secrets était le travail du périnée et du souffle. Lier ces deux aspects me permet d'augmenter mon ancrage et d'activer la vie dans mon corps.

Que ce soit pour le yoga ou pour le travail de la voix, j'ai d'abord appris la technique pour ensuite l'intégrer dans mon quotidien. Avec le temps et la pratique, cet échange et cette circulation d'énergie deviennent naturels, simples, automatiques.

Pour la danse, ce fut un tout autre cheminement... J'ai pratiqué pendant plusieurs années la danse orientale et la salsa. Après mes cours, je me sentais femme, j'avais cette sensation d'incarner une déesse grecque, belle, légère, voluptueuse, amoureuse… Je ressentais un bien-être comme si j'avais fait la paix avec moi-même, comme si je m'étais retrouvée, comme si j'étais en connexion avec la partie la plus divine de moi-même. Je me sentais fière d'être une femme, je me sentais en sécurité, sûre de moi, confiante. J'avais remarqué ces sensations sans vraiment savoir. J'aimais ces effets intenses, c'est tout.

Quand on prend du recul, on se rend compte que ces deux danses (orientale et salsa) sont des activateurs d'énergie au niveau du bassin. Elles amènent de la vie dans une zone qui est souvent très rigide. Faites-vous tous les jours pendant plusieurs minutes des mouvements avec vos hanches ?

Le tantra, lui, m'a permis d'être encore plus en lien avec mes polarités féminine et masculine. D'intégrer dans chacune de mes cellules que j'ai parfois besoin de calme, de repos, de silence, de douceur, d'échange… C'est ma polarité féminine ou yin. Mais, parfois aussi, j'ai besoin d'action, de prise de risque, d'objectifs, de confrontation… C'est ma polarité masculine (ou yang). Le tantra permet de se connecter à ce qu'il y a de plus divin chez les uns et chez les autres. Lorsque je parle de divin, je fais référence à la partie la plus lumineuse de l'être. Grâce à différents exercices, j'ai appris à aimer et à embrasser certaines caractéristiques des polarités yin et yang qui pouvaient m'être inconnues ou qui me rebutaient totalement. Par exemple, l'ensemble de ce travail m'a permis de me sentir complète et remplie. C'est aussi une sensation que je peux ressentir lorsque j'utilise les œufs.

J'ai également pris conscience que 99 % des femmes (et j'en faisais partie) avaient inconsciemment peur des hommes et niaient leur valeur. Depuis des millénaires, les femmes ont été utilisées, comme des marchandises, comme monnaie d'échange, elles ont été battues, violées, tuées lors des guerres… tous ces aspects ont été engrammés sur des générations dans notre inconscient collectif. Le tantra permet de voir à nouveau la beauté de l'homme et d'être en paix avec le passé de nos aînés.

La pratique des œufs de Yoni complète l'ensemble de ces autres pratiques. Elle me permet de revenir à moi-même, dans le présent, dans la conscience de mes mouvements et de mes besoins. Lorsque j'ai envie d'accueillir un œuf dans mon palais des délices, je me demande d'abord si c'est le bon moment pour moi. Quand je dis « moi », j'englobe plusieurs parties de mon être. Bien sûr mon corps physique et plus particulièrement mon sexe, mais aussi mes émotions, mon mental et mes corps éthériques. Si je me sens « alignée », alors je peux choisir un œuf.

Accueillir sa féminité dans toutes ses dimensions

Selon moi, la pratique des œufs de Yoni peut permettre de réconcilier les femmes avec leur féminité. Elle peut les aider à reconnaître, intégrer et aimer leur féminin sacré.

Très jeune, je me suis en effet rendu compte qu'il n'était pas aisé d'accueillir la femme qui se trouvait au plus profond de moi-même quand tout à l'extérieur me poussait à réagir, à faire, à me comporter, à organiser ma vie… comme un homme ! Intérieurement, je me faisais souvent des réflexions comme : « Encore mes règles, ça va m'enquiquiner et je vais être fatiguée ! J'aurais préféré être un homme… » ; ou alors : « C'est plus facile pour un homme dans le travail », « Les hommes ont de la chance d'avoir autant de force physique et d'endurance », « J'aimerais être stable émotionnellement comme un homme », « J'aurais aimé faire pipi debout comme un homme (notamment lors des randonnées en montagne !) ». Est-ce que cela vous est déjà arrivé à vous ?

Et moi, qu'ai-je donc à offrir au monde ? Endurance, intelligence, structure... oui, moi aussi, je possède ces qualités. Mais j'en possède également bien d'autres comme la bienveillance, le sens de l'entraide, la douceur, l'inspiration, l'intuition... Mais, malheureusement, dans l'inconscient collectif, ces capacités sont assez mal connues ou alors dévalorisées. Que ce soit d'ailleurs de la part des hommes ou de la part des femmes... J'ai compris très rapidement qu'en m'appuyant sur ces deux grands types de qualités, en les intégrant, je pouvais atteindre les grands rêves et les idéaux qui me passionnent et qui ont du sens pour moi.

J'ai toujours été touchée par la condition des femmes et les inégalités qu'il peut exister en ce monde. Mais loin de moi l'idée de victimiser la femme ! Chaque jour, j'ai conscience de faire partie des 1 % de celles qui ont grandi dans un milieu où rien ne manque au niveau matériel (la sécurité, un toit, la nourriture), qui ont eu la chance de faire des études supérieures dans la branche qu'elles souhaitaient, de décrocher des diplômes, de choisir leur métier, d'être autonomes financièrement, de choisir les hommes de leur vie, d'avoir des enfants quand elles sentent que c'est le moment...

Et, pourtant, j'ai souvent eu peur de prendre des risques ou de me lancer, j'ai parfois le sentiment de ne pas être à la hauteur, de ne pas être légitime. Grâce à toutes les belles rencontres que j'ai pu faire tout au long de ma vie, j'ai évolué, expérimenté, débloqué, rayé certaines croyances. Le chemin n'est jamais terminé, mais je me suis rendu compte qu'à chaque fois que je bougeais j'emmenais avec moi dans ce mouvement une autre femme, voire deux ou trois… Et que chacun de ces petits millimètres parcourus par chacune d'entre nous envoyait une énergie de libération vers toutes les autres.

Les femmes qui sont conscientes de leur potentiel et qui incarnent la femme dans toutes ses dimensions sont maintenant capables d'éveiller l'homme à leur puissance et de lui faire goûter avec joie leurs qualités intrinsèques. Ce potentiel encore très souvent insoupçonné au travail, dans le couple, dans la famille, dans les associations… est en réalité la clé pour que chacune des qualités soit appréciée et reconnue à sa juste valeur et pour amener de la paix dans les relations.

J'ai créé ce livre pour que chaque femme expérimente de façon simple et en toute bienveillance envers elle-même la pratique des œufs de Yoni et la reconnexion à son féminin sacré.

Ce livre est composé d'interviews de spécialistes du sujet, de témoignages de femmes utilisant les œufs, de dessins d'anatomie, d'exercices et de conseils pratiques, d'un poème et de dessins inspirants, de deux méditations, d'un rituel d'accueil de l'œuf et d'un abécédaire des pierres.

Je vous offre l'accès aux interviews, à deux méditations et au rituel, en vidéo et en audio, en allant sur le lien Internet : https://cursus.academie-developpement-personnel.com/livre-a-la-decouverte-oeuf-de-yoni.

Je vous souhaite un beau voyage au cœur de votre féminin sacré.

PARTIE 1

À la découverte des œufs de Yoni et de notre intimité

CHAPITRE 1

NOTRE SEXE, LÀ OÙ TOUT COMMENCE

Le sexe féminin : lieu sacré, lieu de naissance et lieu de mémoire

Le sexe féminin est un lieu sacré. Relié à la terre par les jambes et les pieds, il constitue un réceptacle pouvant accueillir la vie. On y pénètre si on y est autorisé, avec douceur, respect, lenteur et amour. C'est le lieu de la naissance et donc de la vie…

D'AUTRES MOTS POUR LE DIRE…

Le vagin est également appelé :
- La grotte sacrée
- La grotte de la lune
- Le palais céleste

- La voie du yin
- La caverne du cinabre (le cinabre est un colorant rouge)
- La caverne vermillon

Le clitoris, lui, porte aussi les noms de :

- La perle précieuse
- Le pois Yin
- La terrasse de jade

N'hésitez pas à vous approprier le terme qui vous parle le plus pour désigner vos organes intimes... Aussi, sentez-vous libre de créer votre propre therme.

Et, pourtant, c'est une zone dont on ne parle pas ou peu, que l'on connaît mal, voire que l'on passe totalement sous silence. Parce que, contrairement à celui des hommes, le sexe féminin est caché, il est devenu tabou. On interdit aux petites filles de le toucher, de l'observer, de l'explorer... Si bien que, dans l'inconscient féminin, il en devient quelque chose de sale et de malsain. De plus, comme il est caché, il faut un miroir pour le regarder, un objet extérieur : c'est comme s'il fallait se donner une autorisation à soi-même pour aller regarder son corps. La femme a aussi souvent l'impression que son sexe est moche. Elle le cache et l'ignore... Et elle s'en remet à l'homme en pensant que c'est à lui de lui faire découvrir cette zone, que lui seul est autorisé à la regarder.

En apprenant à découvrir son corps, la femme reprend le pouvoir sur elle-même. En s'observant, elle peut enfin s'émerveiller de la beauté de son sexe, de la beauté de la nature qui l'a faite comme elle est... Grâce à l'œuf, on assiste à une inversion : la femme n'attend plus de l'homme qu'il lui fasse découvrir son intimité. Elle reprend le contrôle sur son propre corps. Après s'être observée, l'œuf va l'aider à approfondir cette connaissance.

PETITES CONFIDENCES…

« Dans notre éducation, on ne s'autorise pas à découvrir son sexe. Par conséquent, on laisse l'autre le découvrir… Or, si on apprenait aux jeunes filles comment elles sont faites, comment tout cela fonctionne, d'où vient le plaisir, il y aurait davantage de respect pour soi-même et moins d'abus de la part des autres. En apprenant à se connaître, à se toucher, à se caresser, on découvre son corps pour pouvoir ensuite l'offrir à qui on en a envie. On ne va plus subir. La femme pourra aussi initier l'homme à son plaisir à elle, dans le respect de sa propre intimité. Il n'y aura plus de violence, car ce sera évident pour tout le monde. »

Claudie Morizot*,*
coach en sensualité et sexualité.

Le vagin est aussi un lieu de mémoire. Chaque fois que l'on fait l'amour et que cela ne nous convient pas (sans parler ici des grands traumatismes, comme les viols), cela représente une blessure. Ce n'est pas le bon moment, pas les bonnes conditions, pas avec la bonne personne, il n'y avait pas de vrai désir… Et pourtant on accepte de faire l'amour car on ne fait pas trop attention à soi, à ce que l'on ressent au fond de soi, à ce que notre corps nous dit. D'autres souvenirs douloureux peuvent également s'inscrire dans cette mémoire : il peut s'agir d'attouchements sexuels lorsque vous étiez enfant, de viols, de traumatismes subis suite à des gestes médicaux ou des traitements médicamenteux, d'accouchements difficiles… Ces blessures peuvent s'accumuler et être à l'origine de certains troubles physiques : vaginites, mycoses, fuites urinaires…

S'inscrivent aussi dans le vagin les mémoires de nos ancêtres. Nous sommes toutes porteuses de l'histoire de notre mère, de nos grands-mères… et de toutes les femmes qui nous ont précédées. Toutes ces histoires, parfois difficiles, impriment elles aussi leur marque sur notre intimité.

D'où l'importance de bien se connaître pour s'écouter et savoir ce que l'on désire vraiment, de nettoyer ces mémoires au fur et à mesure pour que le vagin puisse continuer à assurer son rôle de temple sacré et de lieu de vie. Cela change le rapport au sexe, au corps et à son partenaire.

L'œuf va vous permettre de vous reconnecter à toute cette histoire, à ce que vous avez vécu au niveau intime. Par exemple, celui en quartz rose, en raison de sa douceur et de son pouvoir de guérison, peut nous aider à faire la paix avec notre passé et nos traumas au niveau de notre Yoni et de notre condition de femme. Il nous permet de nous aimer telles que nous sommes.

L'œuf nous ouvre les portes du féminin afin de vivre pleinement notre vie de femme et d'accueillir toutes les déesses qui sont en nous : la séductrice, l'amante, la maman, la *business woman*, l'amie, l'infirmière… et afin de révéler tout notre potentiel et notre puissance.

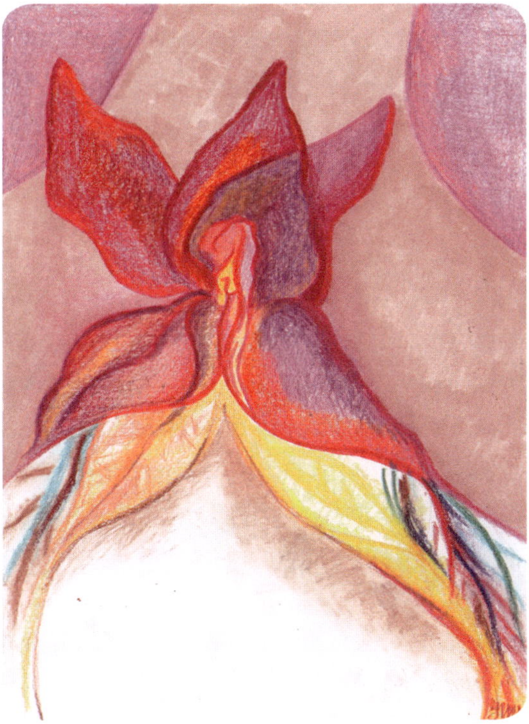

L'orchidée, symbole de féminité, de sensualité, de passion

Fascinante et merveilleusement ensorcelante, l'orchidée est symbole de féminité, d'amour, de raffinement, de grâce féminine et aussi de passion voire d'érotisme. Du parfum suave de certaines fleurs aux formes sensuelles et érotiques pour d'autres, elle est souvent associée au sexe de la femme, à son mystère et son énigme sacrée. En fonction de sa couleur, elle délivre, dit-on, des messages brûlants ou tendres, joyeux ou pleins d'espoir. Dans tous les cas, elle délivre un message d'amour et de sensualité. (...)

Appelle l'énergie de l'orchidée et prépare-toi un cocon de douceur. Installe-toi confortablement. Imagine ta fleur intime entre tes jambes. Approche délicatement ta main comme un miroir et visualise-la. Quelle est sa couleur ? Sa forme ? Son message ? Offre-toi le temps dont tu a besoin. Enveloppe maintenant chaleureusement ta vulve de ta main bienveillante et demande-lui si elle accepterait que tu la regardes avec un miroir. Attends sa réponse (pas celle de ta tête !) et respecte-la. Si c'est oui, prends un miroir à main et tout doucement, approche-le pour la regarder telle qu'elle est. Reconnais ses formes et sa couleur dans sa globalité et aussi dans les détails. Accueille sa beauté toute particulière quelle que soit son histoire. Laisse-toi toucher, offre-toi le temps et les égards dont tu as envie ou besoin. Rappelle-toi que tu as ouvert les yeux de ton cœur.

Pose ensuite ton miroir et laisse-toi enseigner par la fleur que tu as visualisée et celle que tu as vue.

Texte d'Efféa Aguilera, tiré du seul oracle dédié à cette thématique sur la boutique : oeufs-de-yoni.com (parution juin 2018).

Quelques notions d'anatomie féminine

Découvrir son sexe...

Pour bien comprendre comment utiliser les œufs de Yoni, mais aussi pour prendre conscience de son potentiel féminin, il est essentiel de savoir comment le sexe de la femme est fait... Si besoin, n'hésitez pas à vous observer en utilisant un miroir que vous placerez entre vos jambes !

PETITES CONFIDENCES...

« N'oubliez pas que l'œuf va se lover dans votre grotte sacrée... C'est donc le moment de vous familiariser avec cette zone du corps parfois délaissée et méconnue. Osez toucher votre sexe ! À l'extérieur comme à l'intérieur ! Osez regarder votre sexe à l'aide d'un miroir ! Osez sentir votre sexe ! Découvrez votre espace sacré ! C'est ici que se crée la vie, il y a du divin ici. Vous apprendrez ensuite à faire des exercices pour ressentir encore mieux cette zone et tonifier votre périnée, avec ou sans l'œuf. Vous allez également commencer à découvrir le pouvoir énergétique de votre sexe... Super programme ! »

Peggy.

Comme vous pouvez le voir sur le dessin page suivante, la vulve est composée de plusieurs parties.

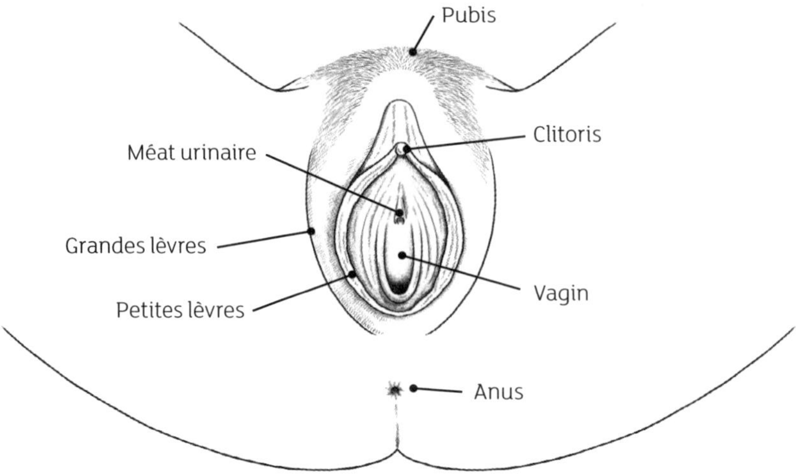

Sur le pubis on trouve les poils pubiens. Quand vous écartez la vulve, vous pouvez voir les grandes lèvres, puis les petites lèvres. Quand vous écartez encore, vous pouvez apercevoir deux petits trous : le méat urinaire, qui permet de faire sortir l'urine, puis le vagin, localisé en dessous.

PAS DE NORMALITÉ EN LA MATIÈRE !

Chaque femme est unique : certaines ont des grandes lèvres bien serrées qu'il faut écarter pour voir les petites lèvres ; d'autres ont des petites lèvres qui dépassent des grandes lèvres. Il y a autant de vulves différentes que de nez différents !

Pour illustrer ce propos, allez découvrir le travail de l'artiste anglais Jamie McCartney, et notamment son œuvre *The Great Wall of Vagina* (en français, « Le Grand Mur du vagin ») sur le site www.greatwallofvagina.co.uk/home.

L'artiste a réalisé les moules de quelque 400 sexes de femmes et les expose sur un mur. Son objectif est notamment de montrer la diversité des formes du sexe féminin (qui sont aussi variées que celles de n'importe quelle autre partie de notre corps), mais aussi de montrer la beauté de notre sexe. Quand on regarde ce mur, on se dit forcément : et le mien, auquel ressemble-t-il le plus ?

Sur cette coupe de profil, on distingue notamment l'utérus, ainsi que le vagin. Vous remarquerez que le vagin est bien coincé : d'un côté par l'anus et le gros intestin ; de l'autre par la vessie ; et au-dessus par le col de l'utérus, qui est bien fermé. Quand vous introduisez votre œuf, il ne peut donc pas aller bien loin ! Ni « se perdre ».

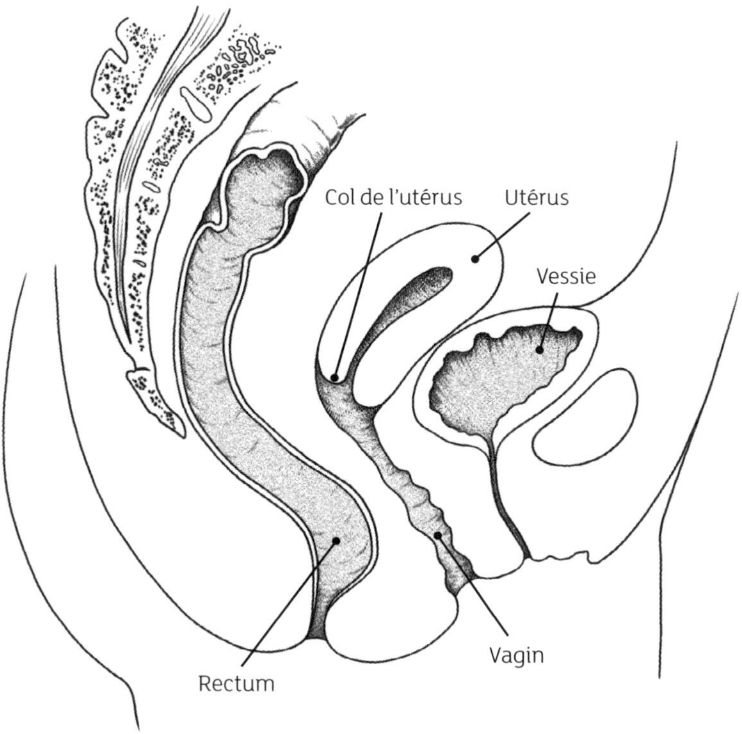

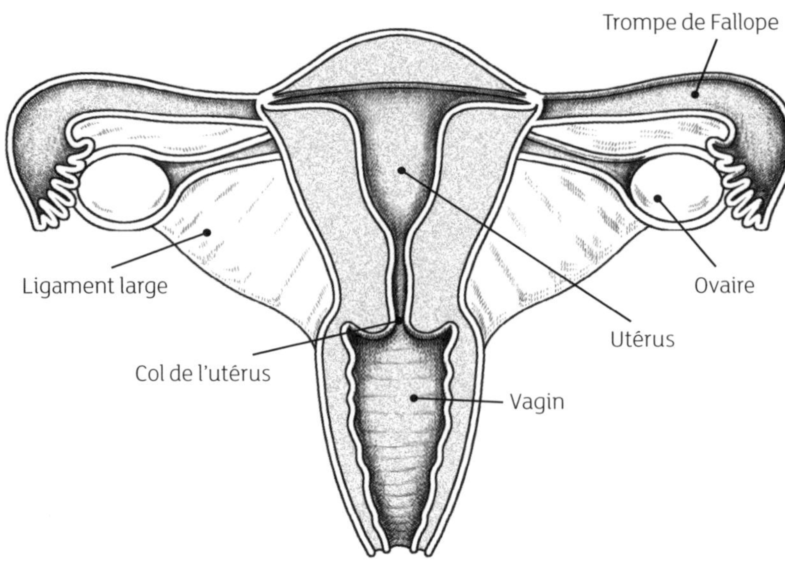

Sur l'illustration ci-dessous du clitoris, on distingue bien son gland, cette sorte de petit bouton que l'on connaît bien, et auquel on résume souvent le clitoris. Mais cet organe est bien plus vaste ! On voit aussi la racine du clitoris, juste au-dessus, qui est une partie un peu plus dure. Ensuite, à droite et à gauche, il y a les racines du clitoris qui vont s'attacher sur les os des ischions (os que l'on ressent quand on est assis). Les bulbes sont situés sur les deux côtés. Ceux-ci gonflent lors de l'excitation, resserrant le vagin, et c'est ce qui donne l'envie d'être pénétrée. Voilà au passage pourquoi les préliminaires sont importants !

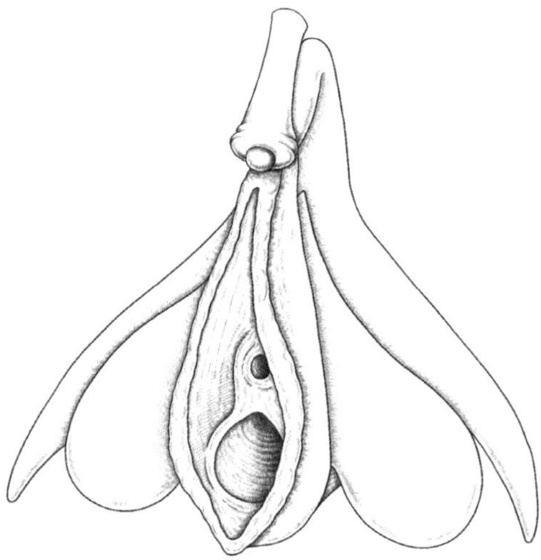

Un apprentissage tout en douceur...

Commencez d'abord par le toucher. Découvrez et appréciez les différentes sensations que cela vous procure tant au niveau de votre main qu'au niveau de la partie que vous touchez : la douceur, la légèreté, les poils... Faites-le avec douceur et naturel, avec des caresses et des effleurages. N'oubliez pas que votre sexe, ce n'est pas que le clitoris : touchez aussi les grandes lèvres, les petites, l'espace entre les deux, l'intérieur...

Dans un second temps, vous pouvez prendre un miroir. Osez vous regarder sous toutes les coutures ! Avec les jambes serrées, avec les jambes écartées... Amusez-vous !

PETITES CONFIDENCES...

« Quand j'ai découvert les œufs de Yoni, mais aussi toutes ces informations sur la façon dont nous les femmes sommes faites, sur la façon dont on fonctionne, je me suis dit waouh ! J'ai aussi pensé à ma fille, à toutes les femmes... Et je me suis fait cette réflexion : mais pourquoi on n'apprend pas cela à l'école ? »

Sabine Rainard,
coach de vie.

Le périnée, notre base, notre lien à la terre

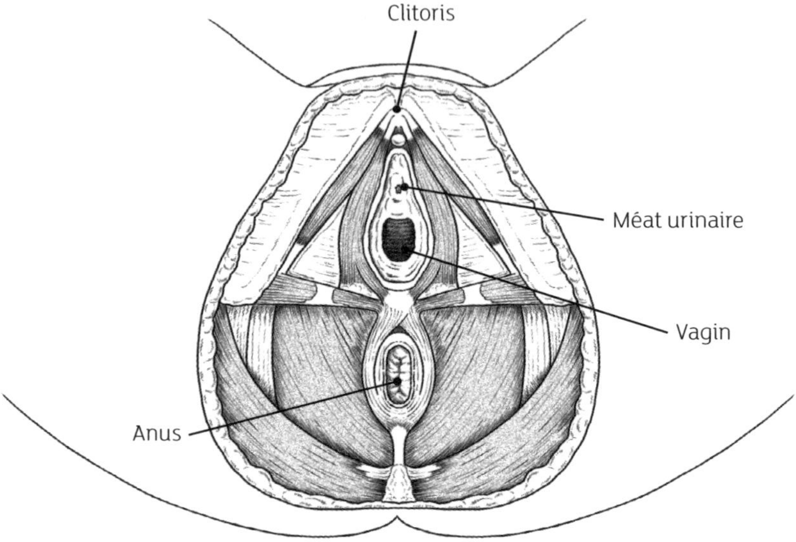

Hormis le vagin proprement dit, une autre zone réclame toute notre attention : le périnée. Cet assemblage très intelligent de muscles qui maintient toute la structure formée par les organes du petit bassin : voilà pourquoi on l'appelle aussi plancher pelvien. Attaché à l'avant et à l'arrière, ainsi que sur les côtés au niveau du bassin, il rassemble toute cette zone, et pas seulement la partie entre le vagin et l'anus, comme on le pense souvent. Il est formé de trois couches successives. Il est important de le maintenir tonique à tous les âges de la vie, afin d'éviter certains soucis comme les fuites urinaires ou les descentes d'organes.

COMMENT RESSENTIR LES MUSCLES DE SON PÉRINÉE ?

Vous pouvez vous amuser à faire du « stop pipi » quand vous allez aux toilettes afin de bien identifier cette zone (faites-le une ou deux fois, c'est suffisant). En faisant cela, vous allez sentir que vous activez certains muscles : ce sont ceux qui correspondent au périnée, et que vous allez travailler avec les œufs, de manière globale ou différenciée (une zone à la fois). Vous comprenez aussi pourquoi un périnée pas suffisamment tonique peut notamment être à l'origine des fuites urinaires...

Pour les taoïstes, un plancher pelvien tonique est un préalable essentiel à une bonne santé. Ils avaient compris qu'en contractant le périnée, on pouvait apporter plus de sang à cette zone, et développer son énergie sexuelle (que l'on appelle aussi « énergie vitale »), deux conditions incontournables pour augmenter de manière spectaculaire le plaisir sexuel, en rendant la zone plus sensible au toucher et donc aux stimulations sexuelles.

Mais le rôle du périnée va bien au-delà du simple aspect santé ou sexuel... Selon Efféa Aguiléra, coach psychocorporelle et danse-thérapeute, spécialiste du périnée, notre périnée est « notre base, le socle et le fondement de notre petit bassin et de notre moi intime ». Il est constitué de toute notre histoire et de notre façon de vivre (notre nourriture, nos émotions refoulées, notre vécu de l'intimité).

Découvrir notre périnée est une expérience globale, une aventure intérieure et corporelle qui nous fait grandir, qui change notre relation à notre corps, à nous-mêmes et aux autres, dans

tous les domaines. Cela nous permet de rencontrer notre potentiel, d'habiter notre territoire, d'harmoniser notre base avec notre cœur et notre conscience, afin de transformer pleinement notre façon d'être au monde.

Le périnée est une zone vitale dans tous les sens du terme : c'est le lieu d'évacuation des déchets (selles, urine), mais aussi le lieu de l'amour et de la naissance. Il joue un rôle important dans l'équilibre général, dans la posture globale. Dans le corps, en effet, tout est lié : pas un muscle n'est là par hasard ou ne joue de rôle isolément des autres. C'est le cas du périnée, qui tient aussi une place dans la respiration, le bon fonctionnement du dos, de la mâchoire ou des yeux. D'où l'intérêt d'en prendre soin pour éviter les désagréments physiques...

Le périnée a aussi une fonction plus subtile, en rapport avec l'ancrage, les notions d'occuper sa place, d'être dans son axe, à sa place dans le féminin. Il constitue un soutien essentiel sur le plan émotionnel, et nous transmet des informations importantes sur ce sujet. Dans ce sens comme dans l'autre d'ailleurs : dans les moments où l'on ne se sent pas à sa place, quand on joue un rôle, lorsqu'on force un peu le trait, le périnée réagit et nous le fait savoir. C'est un muscle essentiel, lié au système nerveux, qui nous livre des indications sur nous-mêmes, sur la façon dont nous vivons les choses, dont les choses que nous aimons nous font vibrer... Un indicateur essentiel qui nous renseigne sur la façon dont nous sommes installées dans notre base.

En tant que fondement de notre petit bassin, le périnée a un lien à la terre : c'est notre premier chakra...

LE PÉRINÉE, À L'ORIGINE DE L'ÉNERGIE VITALE…

Le périnée correspond au premier chakra, au chakra racine ou chakra de base (Mûlâdhâra). Il est plus précisément localisé entre l'anus et les organes génitaux. Il capte l'énergie de la terre pour la transmettre à tout le corps. Il incarne le lien à la Terre-Mère, permet de combattre, donne la force de s'imposer, procure sérénité et bien-être. Nous naissons tous d'un premier chakra. Il est le lien avec notre incarnation.

Que sont les chakras ?

Les chakras sont les points d'énergie, et plus précisément les points de jonction des canaux énergétiques (ou nadis) qui traversent le corps. Il existe trois principaux nadis :

- Sushumna, qui monte verticalement en passant par tous les chakras.
- Ida, qui représente la lune et le passif.
- Pingala, qui représente le soleil et l'actif. Tous trouvent leur origine près du premier chakra.

Ida et Pingala tracent des courbes à droite et à gauche de la colonne, se croisent à la hauteur de chaque chakra et se terminent au niveau des narines, gauche pour Ida, et droite pour Pingala.

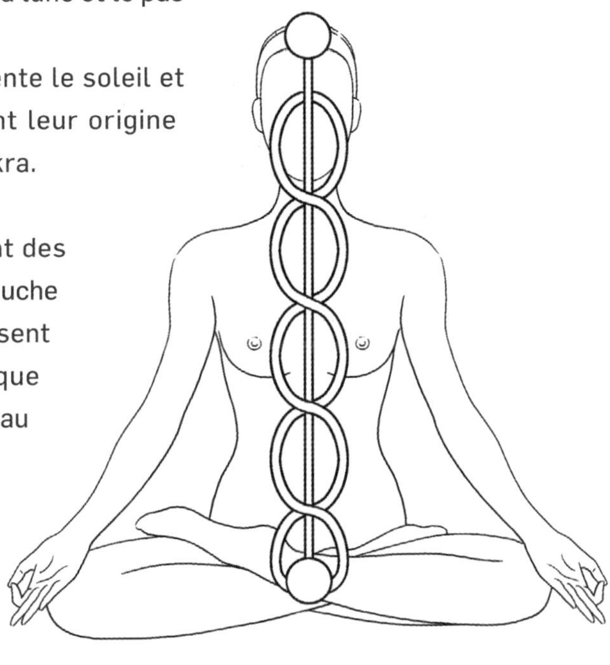

Il existe 7 principaux chakras (voir le détail p. 208-213). Le but est qu'ils soient équilibrés (c'est-à-dire ni trop ouverts ni trop fermés) pour que l'énergie circule de façon optimale dans tout le corps[3].

La mobilité du périnée est essentielle, car elle crée un mouvement d'énergie qui va nous nourrir. Nous avons besoin d'un périnée mobile, fort et élastique pour chanter, rire, danser… bref, pour vivre, mais aussi pour donner la vie. Quand on donne naissance, les sécrétions hor-

3. Vous pouvez retrouver des méditations en lien avec les chakras sur la page : https://cursus.academie-developpement-personnel.com/activez-et-harmonisez-vos-chakras

monales permettent aux ligaments de s'assouplir dans le corps, en particulier au niveau du petit bassin. Le périnée s'ouvre alors comme un parapluie pour permettre le passage de l'enfant. Ce n'est pas seulement le périnée qui s'ouvre, c'est tout l'être. On assiste alors à la naissance d'une mère, qui doit accepter de se laisser traverser par une puissance extraordinaire..., mais qui se trouve aussi dans une vulnérabilité extraordinaire. La naissance est donc en quelque sorte une rencontre entre la vie et la mort : c'est tout un processus qui se prépare pendant toute la grossesse. C'est souvent au seul moment de la naissance que l'on prend conscience de tout ce pouvoir et de cette extraordinaire magie qui existe en chaque femme...

PETITES CONFIDENCES...

« Notre tête nous raconte des tas d'histoires, notamment que notre périnée n'est pas fort. Cela n'est pas vrai ! Peut-être le périnée l'est un peu moins avec le temps si on n'en prend pas soin, mais tous les périnées ont ce potentiel de force. Alors faites-vous confiance ! Notre guérisseuse intérieure est en nous, nulle part ailleurs. On peut se faire accompagner, se faire guider, mais c'est en dedans de nous que tout se décide. Votre périnée est la porte d'entrée de votre temple intérieur. Si quelque chose fait écho dans votre cœur et dans votre ventre, cela signifie que c'est bon pour vous, car tout se joue là. Si cela fait écho dans la tête, ce n'est sûrement pas le bon endroit...

Comment se mettre à l'écoute de son périnée pour savoir si quelque chose est juste pour soi ? Prenez le temps de plonger à l'intérieur de vous. Asseyez-vous, en vous efforçant de ressentir le poids de votre corps sur son support. Sentez votre ventre et prenez un temps de respiration, écoutez ce que cela dit à cet endroit. Mettez-vous à l'écoute de votre ventre, de votre vagin... Votre tête raconte peut-être quelque chose, mais votre vagin, il dit quoi ? Mettez-vous aussi en relation avec votre cœur... Quand vous sentez que tout cela est bien aligné, vous ressentirez une certaine justesse. »

Efféa Aguiléra,
thérapeute psychocorporelle.

Il existe aussi un autre moyen pour prendre conscience de son périnée : ce sont les œufs de Yoni. Ils vont permettre de ressentir à l'intérieur de notre corps ce qu'il se passe, la finesse des tissus, la mobilité du périnée, la composition du vagin, sa taille, sa profondeur. En présentant un œuf de Yoni à l'entrée de son vagin, on met en place une communication, et c'est absolument magique ! On va aussi développer la dextérité de ce muscle, et aller chercher des mouvements que l'on ne ressent pas en temps normal. Il y a quelque chose de délicieux à sentir son intérieur, à se sentir remplie. Cela est aussi lié à cette notion d'axe : le vagin étant dans le sens du corps, le fait de se sentir remplie fait le lien avec le chakra racine, qui est lié au cœur. Ce qui est favorable à une bonne circulation d'énergie.

LA FORME DE L'ŒUF, ELLE AUSSI SYMBOLIQUE

L'œuf est le symbole du premier stade de la vie, le départ du monde. En ce sens, il appelle le sacré. Il représente la fécondité, la maternité, la vie, la renaissance et la protection. L'œuf est associé à l'idée du nid, qu'est notre vagin : d'ailleurs, on dit souvent que l'œuf va nider – ou se nicher – à l'intérieur. Il est intéressant de noter également qu'il ressemble à un ovule.

Sa forme est à la fois magique et très douce. Simplement en l'observant, on ressent déjà la sérénité et le calme qui en émanent. En prenant l'œuf dans sa main, on ressent déjà ses bienfaits...

L'énergie sexuelle, la plus puissante et créatrice des énergies !

En tant que premier chakra, notre périnée est le lieu d'entrée de l'énergie. L'énergie sexuelle, aussi appelée « énergie de vie » ou « énergie vitale », est la plus puissante et expressive de toutes les sortes d'énergie. Ce n'est pas seulement une force sexuelle au sens strict : c'est la force vitale qui rassemble les êtres et à partir de laquelle la vie s'étend. C'est elle qui crée la vie ! Cette énergie vient de la terre, de sa chaleur, elle s'installe dans le bas-ventre, dans le premier chakra, puis se déploie dans tout le corps. L'énergie vitale, c'est aussi celle que l'on travaille dans certaines pratiques de guérison, comme l'acupuncture, avec le travail sur les méridiens, le tai-chi, le qi gong...

Chacune d'entre nous possède cette énergie qui nous rend vivantes, dynamiques, sereines, ancrées, créatives, radieuses, magnétiques, qui nous donne de l'élan et nous propulse... Cette énergie est particulière, car elle est générée dans nos organes sexuels. Nous pouvons apprendre à la cultiver, à l'élargir et à la diriger.

Pensez à un moment où vous vous êtes sentie « sans vie », sans énergie... Peut-être étiez-vous fatiguée d'avoir trop travaillé, malade, en période de stress intense ? Vous ne vous sentiez sûrement pas rayonnante et attirante. Ces situations sont de bons exemples d'énergie sexuelle faible. Maintenant, remémorez-vous un bon moment d'échanges avec des copines ou avec votre partenaire, replongez-vous dans cet état de bien-être que vous appréciez lors de vos séances de sport ou d'activités que vous aimez... Dans tous ces moments, vous vous sentez vibrante, sensuelle, confiante, fière, consciente à 100 % de vos sens et de votre corps. C'est ainsi que se manifeste toute la puissance de votre énergie sexuelle !

Pour en prendre conscience, il suffit simplement de contracter le périnée. Faites-le à n'importe quel moment de la journée, quand vous êtes dans votre voiture par exemple ou encore dans les transports. En faisant cela, vous vous reconnectez à votre être complet : vous n'êtes pas simplement un esprit, une personne qui doit courir, penser. Vous êtes aussi une femme, un être de la terre présent ici et maintenant. Vous vous mettez en connexion avec cette puissance de la terre qui vous nourrit. Vous sentirez alors tout de suite de la chaleur se diffuser dans votre corps... Lorsque vous avez envie d'une relation sexuelle, vous sentez aussi cette énergie qui bouillonne, qui a envie de s'exprimer, par un chant, par un rire, par un orgasme... Toutes les femmes ont ce potentiel ! Cette énergie, on peut la ressentir comme une envie sexuelle, mais on peut aussi la garder pour faire autre chose que du sexe ! Elle nous permet de créer, de vibrer, de ressentir, d'agir, bref, de vivre pleinement !

DÉCOUVREZ TOUTE LA PUISSANCE DE VOTRE ÉNERGIE

Pour « sentir » votre énergie, vous pouvez faire ce petit exercice, expliqué par Jacques Ferber, enseignant en tantra...

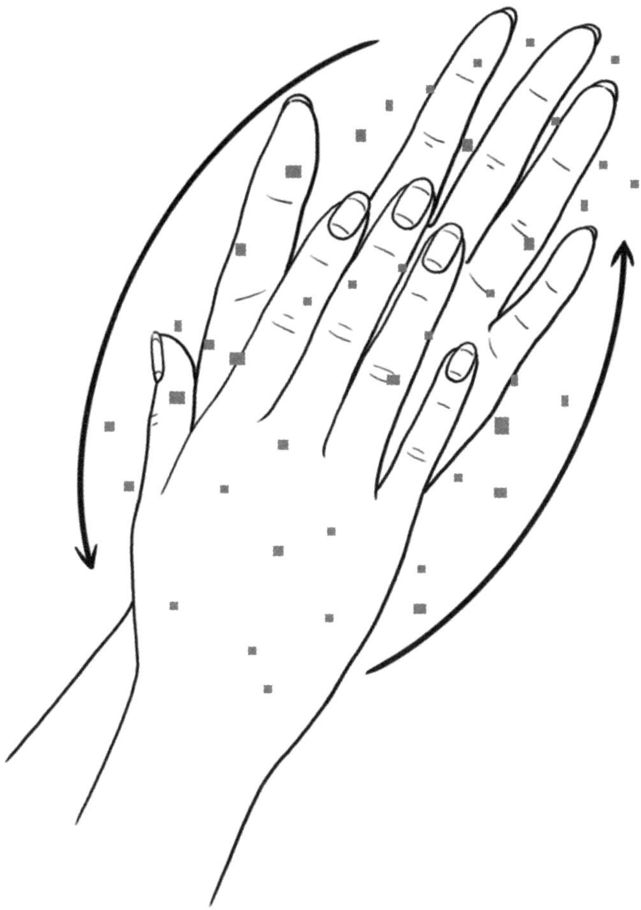

Frottez vigoureusement vos paumes l'une contre l'autre pendant 10 secondes environ. Ensuite, placez-les l'une en face de l'autre sans qu'elles se touchent. Dessinez un petit mouvement avec vos paumes (par exemple un cercle ou le huit de l'infini). Sentez-vous le champ énergétique entre vos mains ? Il est fort et très chaud, comme un coussin de chaleur invisible... Petit à petit, vos sensations évoluent : vous sentez des picotements, quelque chose de cotonneux. Vous venez de découvrir que vous êtes capable de créer de l'énergie, et surtout de la ressentir ! Une fois que vous la sentez au

niveau des mains, relâchez votre corps. Sentez ensuite l'énergie ailleurs dans votre corps, par exemple sur le dos de vos mains : c'est comme s'il y avait un frémissement.

Frottez à nouveau fortement vos paumes puis posez-les sur votre cœur. Envoyez cette énergie dans votre cœur. Inspirez en la recevant. Puis, à l'expiration, imaginez que vous la diffusez dans tout votre organisme... Votre cœur vous semble-t-il maintenant plus chaud ? Êtes-vous davantage consciente de votre cœur et de votre corps ?

Grâce à ces deux exercices très simples, vous avez découvert les prémices de votre pouvoir énergétique... Votre énergie sexuelle a le même fonctionnement !

Il est facile de remarquer une femme qui est connectée à son énergie sexuelle, sa puissance féminine. Elle est à l'aise avec sa sexualité, sa beauté, ses passions... Vous pouvez le voir à la façon qu'elle a de se déplacer, à ses expressions faciales et à son langage corporel.

- Elle est à l'écoute de son cœur. Elle sait ce qu'elle a envie de faire, ce qui est bon pour elle. Quand elle dit oui, c'est un vrai oui. Quand elle dit non, c'est un vrai non. Un non pour elle et pas pour les autres, car elle sait que, à cet instant, cela ne lui convient pas.
- Elle connaît très bien son corps, ses sensations.
- Elle sait facilement lâcher prise.
- Elle sait facilement accueillir ses émotions.
- Elle sait reconnaître sa vulnérabilité, ce qui devient une force pour elle, car cela lui permet d'activer son énergie vitale.
- Tout lui semble facile.

- Elle se respecte et sait se faire respecter des autres.
- Elle attire l'attention, on la remarque sans qu'elle en fasse des tonnes. Elle tient la tête un peu plus haut, ouvre les épaules, elle semble sûre d'elle-même, centrée. Elle est consciente de sa propre sensualité.
- Elle est créative, elle a quelque chose de magnétique et d'inspirant.

Bref, elle a ce petit quelque chose en plus...

Malheureusement, dans notre société à grande vitesse qui récompense le sacrifice et le stress, nous faisons souvent plus attention à notre liste interminable de choses à faire qu'à nous-mêmes. Nous donnons une grande importance au mental pour calmer et cacher nos émotions. En raison d'un bombardement quotidien de stimulations, nous en oublions notre corps, notre intuition et notre véritable nature. Nous avons souvent l'impression d'être constamment sur le qui-vive et ne nous autorisons pas à RESPIRER ni à nous ÉCOUTER, ni à nous OBSERVER ! Notre corps est une véritable boussole, mais nous ne l'utilisons pas, ou nous ne savons pas l'utiliser.

Si nous voulons allumer notre libido et notre envie de vivre pleinement, attiser nos désirs de créer, de transmettre, de construire, nous faire confiance dans la mise en place de nos projets, nous devons d'abord aller vers l'intérieur. Allons écouter notre corps en ralentissant notre rythme et redécouvrons notre féminité. En nous connectant de cette manière à nous-mêmes, nous allons cultiver notre énergie, et en particulier notre énergie sexuelle !

PETITES CONFIDENCES...

« Cette puissance féminine et créatrice, c'est quelque chose que j'ai ressenti pendant très longtemps. Quelque chose de très fort à l'intérieur de moi. J'avais l'impression que, dans le ventre, j'avais un véritable potentiel. Quelque chose qui bouillonnait, qui était très fort, très puissant. Mais j'avais très peur de le faire éclater au grand jour. J'avais très peur car je ne savais pas ce que j'allais en faire... »

Peggy.

Inviter son homme dans cet univers

Une fois que vous connaissez votre intimité, que vous avez travaillé sur votre énergie sexuelle en vue de l'harmoniser, vous pouvez, si vous en avez envie, inviter votre homme à la découvrir lui aussi...

Pour l'homme, la femme est un véritable mystère. Ses comportements, ses fonctionnements, sa manière d'être, ses variations émotionnelles, ses choix intuitifs... Il peut se sentir parfois un peu perdu et ne pas la comprendre. Il est alors maladroit dans ses gestes et ses paroles. En réalité, il est totalement subjugué par la femme, curieux de savoir qui elle est vraiment, envieux de découvrir sa vraie nature.

Pour l'homme, le sexe féminin, à l'anatomie en creux et donc non visible, est lui aussi une véritable énigme à découvrir et à explorer !

PETITES CONFIDENCES…

« Lors d'un stage de tantra, j'avais été touchée et émue par le témoignage d'un participant. Celui-ci nous a confié qu'il n'avait jamais osé demander à sa femme de regarder, d'observer et d'admirer son sexe de peur de passer pour un pervers. Un homme a-t-il déjà observé votre sexe pendant plusieurs minutes ? Juste pour le contempler et l'admirer ? Pas si simple pour un homme d'avoir accès au sexe de la femme juste pour l'observer dans ses moindres détails !

Pas si simple non plus pour la femme de se sentir à l'aise en montrant son sexe à l'homme, comme si seul notre gynécologue y était autorisé. Mais de quoi avons-nous peur en nous laissant observer sous cet angle ? Peur que l'homme trouve notre sexe moche, peur de ne plus être désirable, peur d'être vue comme un objet sexuel, peur des odeurs, peur des sécrétions…

Lors de ce stage, j'ai pu me rendre compte du cadeau que l'on pouvait faire à un homme en lui donnant accès à notre anatomie intime et cachée. Lui faire ce cadeau est comme un honneur…

J'ai pu lire la gratitude, l'émotion intense, la profondeur du regard. Également de l'étonnement, de la joie et de la bienveillance. J'ai aussi ressenti beaucoup de respect et de douceur de la part de l'homme sur cette partie de mon corps, comme si elle devenait un lieu sacré, un lieu où la vie commence.

Ces moments de partage et de confiance mutuelle créent une belle harmonie, une sorte de paix entre la femme et l'homme. J'ai la sensation qu'à chaque fois qu'une femme permet à l'homme de mieux la connaître, un champ de compréhension et d'échanges s'ouvre. »

Peggy.

PETITES CONFIDENCES

(le point de vue d'un homme)...

« Sur le plan physique, avec une femme connectée avec sa Yoni, son énergie sexuelle, l'homme peut rester immobile pendant l'acte. C'est la femme qui va faire le massage, comme s'il était pris dans une main et qu'il y avait une légère caresse. C'est plus subtil, plus doux, une sensation vraiment incroyable ! Sur le plan énergétique aussi, les choses sont différentes. Une femme connectée est pétillante. Si l'homme fait ce même travail d'harmonisation de son énergie sexuelle (il existe des techniques pour cela comme la rétention d'éjaculation, la liaison cœur-sexe), une connexion énergétique se crée. Le sexe masculin va être sensible pas uniquement au désir physique, mais aussi à l'énergie et à ce qu'il se passe dans la Yoni de la femme. Et cette connexion énergétique peut même se faire également à distance, par le regard, le cœur...

Ce que cherchent inconsciemment les hommes, c'est cela, un orgasme du cœur. Tous les hommes y sont sensibles, même les plus fermés à ce niveau (qui disent non, cela n'est pas pour moi). Les femmes peuvent amener tout doucement leur homme vers cela, lui apprendre la lenteur... C'est comme une sorte de cadeau ! C'est cet état que l'on retrouve quand on est amoureux, pendant la période que l'on appelle la "lune de miel". Cette connexion sexe-cœur n'est pas perdue à jamais, elle est en nous et on peut la revitaliser grâce à ces pratiques. »

Jacques Ferber,
enseignant en tantra.

CHAPITRE 2

LES ŒUFS DE YONI, UNE PRATIQUE SUBTILE...

Histoire et légendes...

Il y a de cela plusieurs millénaires, les femmes connaissaient intimement leur corps. Elles se transmettaient leur savoir et leurs connaissances de femme à femme, le plus naturellement du monde. En maîtrisant la pénétration et l'éjaculation, elles avaient alors un pouvoir sur l'homme.

En Chine impériale, ce savoir est devenu un secret réservé à certaines. La pratique des œufs de Yoni, aussi appelés « œufs de jade », était enseignée aux concubines des empereurs, dans le but de les satisfaire sexuellement. Ce sont les femmes qui avaient la maîtrise des choses : en connaissant parfaitement leur vagin, elles dirigeaient la pénétration, elles avaient le pouvoir de faire bander l'homme, de le faire éjaculer ou d'expulser le pénis. Elles travaillaient avec les œufs, mais aussi avec des poids de plus en plus lourds qu'elles accrochaient à l'œuf, à l'extérieur, et faisaient même des concours de tonicité, par exemple avec des jets d'œufs.

Cela a ensuite été repris dans la pratique du taoïsme, qui est le fondement de la philosophie et de la médecine chinoises. Plus qu'une religion ou une spiritualité, le taoïsme est un art de vivre dont le but est d'équilibrer et d'augmenter le ***qi***, c'est-à-dire l'énergie vitale (autrement appelée « prana » en ayurvéda, la médecine indienne). Dans le taoïsme, l'acte sexuel est conçu comme un moyen d'élévation spirituelle. Il permet de transformer l'énergie sexuelle en énergie vitale (qi), et donc de renforcer cette énergie.

En Occident, nous commençons tout doucement à reconnaître cette énergie... La médecine occidentale commence à comprendre l'importance d'une bonne circulation de cette énergie vitale dans le corps, et son rôle dans la régulation des hormones, l'activation des nerfs et du flux sanguin, la stimulation du système immunitaire... Autant de facteurs importants pour rester en bonne santé, quels que soient l'âge ou les saisons !

ZOOM SUR LE TAO

Comme l'explique Jacques Ferber, enseignant en tantra, le tao peut être vu à deux niveaux : absolu ou relatif. Au niveau absolu, c'est une philosophie d'acceptation totale de ce qui est et d'intégration de soi dans le grand Tout. On a très souvent l'impression d'être séparé du

monde, qu'il y a soi d'un côté, et l'environnement de l'autre. Dans le tao, tout est lié, l'énergie qui existe en toutes choses est un Tout. Au niveau relatif, le tao est le chemin pour aller jusqu'à cet état. C'est l'intégration en soi du principe d'énergie. La démarche vise à être en soi-même en harmonie pour s'harmoniser avec le monde.

Redécouvrir et réactiver sa puissance féminine

Pour activer cette énergie sexuelle, l'un des outils les plus efficaces et agréables, c'est l'œuf de Yoni. Il permet ce travail d'introspection et de redécouverte de notre féminité grâce à des rituels et à l'écoute de soi (corps, tête, cœur). Grâce à lui, votre énergie circule à nouveau dans votre corps.

Malheureusement, aujourd'hui, la plupart des femmes ne sont pas en contact avec leur puissance créatrice. Elles disent souvent avoir la sensation de manquer d'énergie, avoir l'impression d'être complètement vides, d'avoir perdu leur féminité ou leur sensualité...

Peut-être manquez-vous de confiance en vous... Vous éprouvez des difficultés à trouver votre place. Vous avez plein d'idées mais vous ne savez pas comment faire. Quand vous êtes avec des amis, par exemple, vous ne savez pas comment vous positionner, et vous vous demandez : est-ce que j'ai vraiment ma place ici ? Le fait d'être dans ce doute, de ne pas savoir, vous empêche de vous respecter et de vous faire respecter.

Peut-être ne vivez-vous pas votre sexualité comme vous aimeriez la vivre ? Votre libido est en berne, et vous ne savez pas comment la réactiver. Vous ne fonctionnez qu'avec votre tête, et n'êtes pas reliée à votre corps, comme si vous étiez coupée de lui. Résultat : vous ne savez pas vous donner de l'amour à vous-même. Or, c'est très compliqué de prendre en compte sa sensualité et sa sexualité quand on n'est pas connecté à son corps, quand on ne s'aime pas vraiment...

Peut-être avez-vous l'impression de ne pas connaître votre intimité, de manquer de sensibilité au niveau de votre vagin, de votre clitoris ? C'est souvent le résultat d'une certaine éducation qui interdit aux petites filles d'aller voir à cet endroit et qui crée un véritable manque de connaissance. Or sans connaissance, sans expérimentation, comment apprécier les choses ?

Peut-être avez-vous l'impression d'avoir peur de votre puissance féminine et créatrice ? À l'adolescence, vous avez refoulé cette vague puissante que vous sentiez naître en vous... Et, aujourd'hui, vous abordez les choses de façon yang, avec de la force et de la détermination, sans jamais vous laisser aller, ou vous laisser guider par votre intuition. Vous avez l'impression d'être totalement déconnectée de votre corps, de votre féminité, de vos sensations, de vos émotions. Vous ne vous sentez absolument pas reliée à votre cœur, qui est celui qui pourtant vous donne les informations, les impulsions, la confirmation de ce qui est juste et bon pour vous...

Ne vous sentez surtout pas coupable de cela ! Tout a été fait pour que la femme soit complètement dissociée de son corps, de ses sensations, de son cœur. Notre éducation et le monde actuel en sont en partie responsables. Aujourd'hui, en tant que femme, on a souvent du mal à se retrouver soi-même. Or, c'est particulièrement important, surtout quand on est une femme, car cela permet de révéler notre côté yin, la manifestation des idées, et de nos ressentis.

ZOOM SUR LE YIN ET LE YANG

On définit souvent le yin comme étant le féminin et le yang comme le masculin. De manière plus précise, comme l'explique Jacques Ferber, enseignant en tantra, le yin, c'est tout ce qui change, qui se transforme. C'est le processus de transformation, qui va créer du nouveau. À l'inverse, le yang, c'est tout ce qui est stable, dur, solide. Il y a toujours besoin des deux. Dans le mouvement de notre corps par exemple, il y a à la fois du yang (nécessaire pour être stable sur ses jambes) et du yin (c'est la souplesse des articulations qui nous permet de bouger). En général, les femmes sont un peu plus yin et les hommes un peu plus yang. Même si on ne peut pas faire de généralités !

Dans ce monde à grande vitesse, nous sommes toujours en train de « faire » des choses : dès que l'on pose le pied par terre le matin, une liste de tâches nous attend. Et il n'y a pas de temps à perdre pour accomplir ses missions de la journée : s'occuper des enfants, répondre aux exigences de ses chefs, faire les courses, ranger la maison, passer du temps avec son amoureux, filer à son cours de sport, dîner entre amis... Nous sommes toujours dans l'action. Et nous pensons toujours que cela est impossible à arrêter. Nous sommes alors dans notre yang, dans notre partie masculine, celle qui donne un rythme, une structure, qui nous pousse à atteindre des objectifs, à avoir des résultats, à faire les choses sans se poser de questions, avec force.

Mais à quel moment prenons-nous le temps de nous reconnecter à notre partie féminine ? À quel moment pouvons-nous atteindre ce que l'on appelle le « samadhi » en yoga (la contemplation, l'extase, l'accomplissement, l'union, la totalité) ? À quel moment pouvons-nous ressentir cette détente intérieure, à la fois mentale et physique ? À quel moment peut-on être rayonnante, attirante, intuitive ? Sûrement pas quand on est dans notre yang, en train de faire les choses ! Or, la femme a besoin de prendre du temps pour elle, pour retrouver cette partie yin, ce côté féminin sacré, qui est très important pour elle parce qu'il la nourrit.

La pratique des œufs de Yoni va vous permettre de redécouvrir cette partie féminine, pour retrouver votre puissance créatrice...

- En vous accordant tout simplement du temps à vous-même, en prêtant attention à votre état physique, émotionnel et mental.
- En apportant de la conscience au niveau de votre bassin. Quand on commence à observer ce qu'il se passe en nous, on se rend compte qu'il y a une véritable activité. C'est là que naît l'énergie sexuelle ou énergie vitale.
- En vous apprenant à tonifier votre périnée. Ainsi, vous vous sentirez plus ancrée, plus centrée, plus sûre de vous, avec l'impression d'être « supportée ».

Beaucoup de choses vont changer à l'intérieur de vous ! Votre féminité va se révéler, vous allez augmenter votre énergie sexuelle et vitale. Vous allez enfin prendre conscience de cette énergie vitale que nous avons toutes en nous, découvrir ces sensations extraordinaires qui vont remplir tout votre corps, cette puissance à la fois douce et intense qui vous définit en tant que femme ! Et cela va se voir tout autour de vous, vous allez rayonner !

PETITES CONFIDENCES...

« Cela fait trois mois bientôt que j'ai découvert la pratique des œufs de Yoni... Je comprends que l'on puisse avoir certaines peurs, je suis passée par là. Si j'accepte aujourd'hui d'en parler, c'est parce que, selon moi, cette pratique dépasse celle de l'intime, elle s'adresse à la femme. Il y a une connexion au féminin et à la force féminine qui est assez forte, sacrée et subtile. J'estime que cela est très important que toutes les femmes puissent y avoir accès. Cette pratique apporte de très nombreux bénéfices : elle permet d'asseoir sa féminité, d'être beaucoup plus ancrée dans son rôle de femme, dans cette énergie féminine qui peut faire parfois un peu peur parce qu'elle est aussi liée à un pouvoir d'attraction... L'œuf permet de développer une certaine paix intérieure. Il permet un élan de vie, il nous permet d'asseoir notre volonté, notre force, notre ancrage, notre pouvoir de décision, notre connexion...

Quelque chose se diffuse en nous. C'est assez difficile à expliquer, mais c'est incroyablement bluffant. Cette puissance nous replace dans une position que les femmes ont perdue dans notre société. Elles l'ont eue il y a très longtemps, mais cela a été nié, étouffé. Je veux aussi dire que ce n'est pas parce que l'on prend notre place de femme que les hommes ne vont plus avoir leur place d'homme. La femme est initiatrice de beaucoup de choses, c'est à elle de le découvrir, et cela n'est pas évident, car on ne nous a pas élevées comme ça. Le chemin peut être long jusqu'à ce que l'on s'en rende compte, pour qu'on puisse assumer nos désirs, nos forces, notre rôle de maman quand on l'est, notre rôle de professionnelle… C'est un tout.

Dans la pratique des œufs de Yoni, il est essentiel d'apprendre à écouter son cœur. C'est sûr que si l'on n'écoute que son mental, l'œuf de Yoni peut apparaître comme une idée folle. Oui, il y a un moment où l'on se pose des questions : mais qu'est-ce que je suis en train de faire ? Et puis, cela vient comme une évidence… Les sex-toys, ce n'est pas mon truc ! L'œuf n'est pas un objet sexuel, c'est bien plus que cela. Cela apporte quelque chose de plus à notre sexualité mais pas seulement, cela va beaucoup plus loin que cela… On revient au centre de nous-mêmes, à notre essence, totalement naturellement, sans forcing. En douceur. Ce serait dommage de passer à côté. C'est très subtil, donc ce n'est pas évident de dire que cela va vous apporter ça ou ça, c'est en fonction de chacune. Il y a quelque chose de vraiment intime, sans que ce soit tabou. C'est un retour aux sources, à son essence, à son âme, à son cœur, à la sexualité. C'est de l'ordre du féminin sacré, de la sexualité divine, de ce que l'on appelle aussi l'orgasme cosmique dans le tantra. L'énergie part du bas, et pas de la tête. Cela donne un élan incroyable. »

Mélanie Rey,

infirmière en cours de reconversion comme thérapeute en psychologie transpersonnelle et auto-entrepreneure dans le domaine du développement personnel.

PETITES CONFIDENCES…

« Après avoir vu les vidéos d'explications sur les œufs de Yoni, j'ai eu une certitude : mon corps attendait les pierres. C'était ce qu'il me fallait. Comme une évidence.

Je ne sais pas expliquer cela, mais cela faisait déjà quelques semaines que je sentais des choses en moi, un mouvement, une envie.

Pour moi, le sujet de la sexualité était très compliqué. J'ai été abusée par mon grand-père quand j'avais 5 ans. Mon bas-ventre était une zone taboue de mon corps. Elle n'existait pas, elle était à part. J'ai fait beaucoup de choses par ailleurs pour guérir, soigner cette blessure. Étonnamment, les pierres sont venues comme le point final de cette guérison. J'ai vraiment senti que mon corps en avait besoin. Si je me suis tournée vers cette pratique, ce n'est pas un hasard. Ce n'est pas un hasard non plus que j'en parle si facilement, alors que je suis habituellement très discrète. Aujourd'hui, j'ai besoin de transformer cette épreuve en message. Je pense que c'est important de partager cela avec d'autres femmes. Leur dire que l'on peut retrouver sa puissance féminine, sa confiance en soi, sa puissance sexuelle. On peut être épanouie en tant que femme. L'œuf peut apporter cette connaissance de soi et de ses limites. Cela permet déjà d'être clair avec soi-même pour être clair avec les autres. Je suis célibataire depuis un an et cela m'a amenée à réfléchir à ce que j'attendais vraiment d'une relation, et sur ce que j'étais prête à accepter ou non. À tous points de vue. Je vais davantage m'écouter : il y a des choses que je ne veux plus, que je ne ferai plus et que je n'accepterai plus. L'œuf est bien plus qu'un simple objet : il permet vraiment une prise de conscience plus générale sur qui on est, notre être de manière générale, sur ce que l'on veut faire de soi en fait. »

Sabine Rainard,
coach et formatrice.

Célébrer le passage de la fille à la femme

Dans la découverte de sa féminité, de sa puissance créatrice, les premières lunes sont un moment clé. Et, pourtant, chez bon nombre de jeunes filles, c'est une étape que l'on ignore, dont on ne saisit pas l'importance, qu'on ne célèbre pas à sa juste mesure… Vous souvenez-vous de la première fois où vous avez eu vos règles ? Comment cela s'est-il passé pour vous ?

PETITES CONFIDENCES…

« Je me souviens très bien de ce moment-là. Je rentrais de l'école. En allant aux toilettes, je me suis aperçue que j'avais un peu de sang de couleur marron-rouge sur ma culotte. Inquiète, je suis allée voir ma mère pour le lui dire. Elle a souri et m'a dit : "Ce n'est pas grave, ce sont tes règles." Puis elle m'a accompagnée dans la salle de bains pour m'expliquer comment mettre une serviette hygiénique. Le soir, au repas, entre deux bouchées, elle a dit à mon père : "Peggy a ses règles." Tout avait été simple, fluide, rapide… Mais je n'en avais pas saisi le sens : quel était le changement réel dans ma vie ?

Quelques années plus tard, je suis devenue bénévole pour une association d'aide aux devoirs. Tous les mercredis soir pendant quatre ans, je suis allée chez Virusa, une adolescente d'origine srilankaise. J'ai été accueillie et complètement intégrée à la famille et à ses fêtes. J'ai donc eu la chance d'être invitée à de nombreuses célébrations, et notamment à la « fête des règles », que toutes les jeunes femmes vivent dans cette culture. Quelques mois après l'arrivée des règles, toute la famille est invitée au domicile de la jeune femme. Un prêtre est présent toute la journée et conduit la cérémonie. L'adolescente est maquillée et habillée par les autres femmes. Au cours de la journée, elles portent plusieurs robes toutes plus magnifiques les unes que les autres, et la jeune fille est prise en photo par un photographe professionnel… Pour Virusa, qui était une enfant timide, cette journée fut véritablement un défi. Être vue, mise en avant, magnifiée de cette façon… J'avais été impressionnée par la transformation, sous mes yeux, de la petite Virusa en jeune femme. Après la fête, je lui ai demandé : "Quel est le sens de cette fête ? Quel est le sens de l'arrivée des règles ?" Elle n'avait pas su me répondre… »

Peggy.

Aujourd'hui, l'arrivée des règles chez une jeune fille, qu'elles soient accueillies dans la discrétion ou au contraire dans le bruit et la fête, est finalement dénuée de sens et de conscience. Or, il apparaît important de célébrer ce passage par un rituel simple et rempli de sens. Mais comment faire ? Le rituel est un processus qui accompagne la transformation et la nouveauté. L'arrivée des règles est le moment où la jeune fille devient une jeune femme.

J'avais envie de partager avec vous l'histoire de Caroline Gauthier et du rituel qu'elle a mis en place pour ses deux filles. Dirigeante d'un organisme de formation en management et en communication, formatrice, animatrice de stages de développement personnel et écrivaine (***Au nom du corps***), elle a vécu la naissance de sa première fille comme un puissant réveil énergétique. Un tsunami intérieur et extérieur qui a tout déconstruit et lui a permis de prendre conscience qu'elle ne savait pas ce que c'était qu'être femme. Elle explique pourquoi les premières lunes sont primordiales dans la découverte de sa féminité, de son essence de femme, et comment l'œuf de Yoni peut ritualiser ce passage. Elle nous offre aussi un joli poème dédié à la beauté et à la magie de notre sang…

PETITES CONFIDENCES…

« Être femme, passer de la petite fille à la femme, c'est avant tout accepter d'être traversée par ses premières lunes, et par le sang de la vie.

Je suis partie à la découverte de mon essence féminine à la naissance de ma première fille. Cette descente dans ma chair et dans mon corps m'a conduite à me réapproprier ce que c'était qu'"être femme". En effet, cette sensation, qui aurait dû pourtant être naturelle, avait été bien enfouie au plus profond de moi, non seulement à cause de mon éducation et de ce que la société occidentale véhicule, mais aussi de l'absence de rites de passage à des moments bien particuliers de la vie.

Quel paradoxe ! Je suis née femme, mais je me suis vite rendu compte que je ne savais pas ce que c'était qu'"être femme".

Devenir mère m'a amenée à "sentir" d'un coup qu'il fallait que j'opère une descente dans ma vraie nature. Et, le plus drôle, c'est que ce passage au statut de mère m'a poussée à vouloir réhabiliter une autre phase que j'avais "zappée" dans mon parcours. La phase de mes premières lunes, ce passage de la petite fille à la femme, l'étape où l'on se connecte au sang de la vie.

Au moment de devenir mère, à l'instant même du passage de ma fille entre mes jambes, j'ai vu du sang qui coulait. Et cela a été comme une reconnexion à une dimension sacrée que j'avais oubliée. Je voyais ce sang comme si c'était la première fois. J'ai immédiatement senti qu'auparavant j'avais pris la mauvaise route.
Il fallait donc que je retourne en arrière pour me réapproprier mon essence de femme. J'ai alors senti que, partir à la découverte de sa féminité, c'était avant tout réhabiliter cette phase primordiale de la puberté, cette phase où le sang coule pour la première fois.

Qu'en est-il en réalité de ce temps initiatique des menstruations ? A-t-il été vécu de façon positive ? A-t-il été accompagné de paroles éclairantes ? Y avait-il eu un rituel pour passer cette porte ô combien importante ?

Dans ma famille, de ce moment, "il ne fallait pas en faire tout un plat". Je n'avais pas compris à quel point "ne pas faire tout un plat" de ce passage de la fille à la femme m'avait conduite à nier toute ma féminité toute une partie de ma vie. Pour certaines femmes, ce passage a été sûrement bien pire que le mien ! Je ne vais pas vous détailler ici ce que certaines femmes subissent, juste parce qu'elles saignent chaque mois. Car vous savez que, depuis des siècles, les règles des femmes ont occasionné des attitudes de déni, voire des attributs d'impureté et de souillure... Comment alors bien vivre sa féminité alors même que notre inconscient reste teinté des regards négatifs portés sur la femme et sur ses menstruations ?

Alors, oui ! Des menstruations, "il faut vraiment en faire tout un plat", et même toute une fête, tout un rituel pour marquer cette entrée dans le monde du féminin.

C'est pourquoi, lors de ce passage, j'ai invité chacune de mes filles au restaurant pour célébrer ce moment, et je leur ai offert un œuf de Yoni... pour leur signifier la beauté de leur nature de femme. Et c'est même bien plus que cela ! C'est aussi le mystère, le sacré, la puissance, la découverte de l'espace de la sensation, espace ô combien riche et troublant qui nous connecte à la vibration du monde.

À la puberté, les règles nous donnent rendez-vous avec notre pouvoir de femme ! Celui de la connexion avec les cycles de la nature, avec les phases de vie et de mort et de renaissance. Elles nous ramènent à la perception de notre corps, de nos sensations, et de l'énergie cosmique qui circule dans nos veines. La femme possède des qualités en lien avec les grands rythmes biologiques. Si elle y est connectée, elle sent le monde qui circule en elle. "Et ce n'est pas rien ! Il y a vraiment de quoi en faire tout un plat !"

En la rendant réceptive et experte pour sonder son intériorité, en se connectant aux phases de son cycle, la femme aura des prédispositions à ne pas craindre le mystère du vivant ! Quand une femme parvient à honorer le temps de ses lunes, à célébrer la puissance de sa nature féminine, elle contacte du même coup sa fonction sacrée. Elle ne tente plus de retenir ce flux purificateur, bien au contraire, elle en comprend le sens profond.

Le sang teinté de couleur rouge, couleur de nos menstruations, couleur du monde du vivant, ce qui coule entre ses jambes, la reconnecte alors avec la puissance du monde du féminin...

Caroline Gauthier,
coach et formatrice.

Rouge : c'est la couleur du vivant,
La couleur de la vie et du sang.
C'est la couleur du désir, et du vibrant.

C'est la couleur de la chair même...

Pourquoi cette couleur a-t-elle été reléguée au rang du profane ?
Ce qui nous conduit à ce que notre Rose se fane ?

Pourquoi en a-t-on donc drapé le diable et les méchants,
Comme s'il y avait un péché à vivre pleinement ?
Et à être connecté au féminin et à notre sang ?

N'est-ce pas pour cette raison que la terre est pleine de morts-vivants,
Déconnectée du monde de la sensation et du vibrant ?
Ou remplie de gens qui ne vibrent plus parce que cela serait un péché que d'être vraiment conscient du monde du dedans ?

Seul le monde de l'esprit aurait quelque chose de sacré ?
Nos corps devraient, eux, être laissés de côté ?

Le rouge est la couleur du chakra racine, logé sous notre sexe...
C'est aussi la couleur du sang qui coule chaque mois et nous a reléguées au rang de pécheresses...

Comment voulez-vous avec tout ce poids et cette culpabilité que l'on nous a posée,

Que l'on soit libres et fluides dans nos corps et parfaitement décomplexées ?

Comment voulez-vous que nous soyons plein d'élans,
Si ce qui est du ressort de la vie même est rangé dans le camp des méchants ?

Pourtant, cette couleur est sacrée, je peux vous l'assurer…
C'est la couleur du sang qui coule dans nos veines
et qui apporte l'oxygène…
C'est la couleur des menstruations des femmes qui mettent au monde les enfants…

Le sang est à la source de la vie même…
L'oublier, c'est mourir…
Et moi, j'appartiens au monde des vivants…
Il est temps que le sang soit considéré comme sacré
Pour pouvoir s'y connecter, sans culpabilité…

Caroline Gauthier.

Le pouvoir des pierres

L'œuf de Yoni permet aussi de profiter des bienfaits particuliers de chaque pierre. En effet, si l'œuf agit au niveau physique (il nous permet de tonifier notre périnée et d'apporter de la conscience au niveau de cette zone), il agit également au niveau énergétique grâce à la matière qui le compose.

C'est ce que l'on appelle la lithothérapie (de *lithos*, « pierre » et *therapeia*, « cure »), ou art du soin par les pierres. Cette médecine douce et efficace est depuis toujours utilisée pour soulager, libérer et équilibrer notre mental, notre corps et notre cœur. La lithothérapie nous aide donc sur les plans physique, psychologique et spirituel.

Chaque pierre a des propriétés particulières : certaines calment (comme le quartz rose) ; d'autres stimulent (comme la cornaline, le jaspe…), renforcent ou créent une protection (comme la tourmaline noire, l'obsidienne…) ; d'autres ouvrent à l'intuition (comme le lapis-lazuli, l'améthyste…). L'utilisation des pierres est aussi très intéressante pour harmoniser nos chakras ou centres énergétiques : en effet, chaque pierre est en lien avec un chakra.

Voir les bienfaits de chaque pierre dans la partie 3, p. 148.

Le simple fait de porter une pierre sur soi (dans une poche, dans son sac, dans son soutien-gorge, en collier…) permet de profiter de ses bienfaits. Lorsque l'œuf est logé à l'intérieur de la Yoni, l'énergie et les vertus de la pierre circulent dans l'ensemble du corps.

PETITES CONFIDENCES...

« Il a toujours été facile pour moi de me connecter et de me sentir en lien avec une personne, un animal ou bien une plante. Mais, avec un morceau de pierre, cela me paraissait plus abstrait ! Avec l'expérience, j'ai développé avec les pierres des sensations et des ressentis que je peux avoir avec les êtres vivants. Bien sûr, il faut un peu de temps... Plusieurs essais sont nécessaires. Dans tous les cas, il est essentiel de ne pas se décourager avant de recevoir certains messages et certaines intuitions en lien avec la pierre. »

Peggy.

CHAPITRE 3

LES ŒUFS DE YONI EN PRATIQUE

Où acheter des œufs de Yoni ?

Il peut être assez difficile de trouver des œufs de qualité. Il faut être vigilant quant à leur production. La pierre peut en effet avoir subi des transformations et/ou avoir reçu des traitements chimiques.

C'est la raison pour laquelle j'ai créé la première boutique en ligne dédiée aux œufs de Yoni : www.oeufs-de-yoni.com. Vous y retrouvez de nombreuses pierres de toutes tailles, trouées et non trouées. Je me suis rendue personnellement dans les ateliers de production pour vérifier le processus de fabrication.

L'ASTUCE EN +

Vous pouvez profiter d'une réduction de 20 % sur la boutique www.oeufs-de-yoni.com en utilisant le code « livreyoni ».

Claudie Morizot, que vous retrouvez tout au long de ce livre, propose également certains œufs sur son site : http://sensualite-sexualite-femme.fr.

Bien choisir son œuf

Il existe une grande variété d'œufs de Yoni : tailles, pierres, troués ou non. Pour débuter, il vous faudra en sélectionner un. Au fil de la pratique et de vos expériences, vous apprendrez à choisir l'œuf qu'il vous faut, et même à diversifier vos choix en fonction de votre état d'esprit du moment et de vos attentes.

Choisir la bonne taille

L'œuf de Yoni, plus petit qu'un œuf de poule, existe en trois tailles : petit, moyen ou grand. Il y a une différence de quelques millimètres entre chacun d'eux. Le poids, lui, dépend de la taille, mais aussi et surtout de la pierre : certains œufs de petite taille peuvent être très lourds.

Les œufs de poids moyen pèsent entre 70 g et 80 g ; les plus lourds, en quartz, peuvent peser jusqu'à 90 g environ.

Pour choisir celui qu'il vous faut, il existe plusieurs « écoles ». On conseille généralement les œufs les plus gros et les plus lourds aux débutantes. Les femmes qui ont déjà un peu de pratique pourront, elles, se tourner vers des œufs de taille moyenne. Quant aux femmes expérimentées, les œufs de petite taille seront parfaits. On peut aussi conseiller les œufs les plus lourds aux jeunes filles (non vierges), les œufs moyens aux femmes adultes et les modèles plus petits aux femmes qui n'ont pas de règles.

De manière plus générale, l'œuf moyen peut être utilisé par toutes les femmes, quels que soient leur âge, leur connaissance du périnée et son tonus.

- Si vous avez un périnée bien tonique, vous pouvez utiliser n'importe quelle taille d'œuf, car il va tenir sans problème.
- Si votre périnée n'est pas tonique, tournez-vous dans un premier temps vers un œuf de grande taille. Mais il sera préférable de faire, auparavant, quelques exercices ciblés pour tonifier votre périnée (voir aussi p. 139).
- Le petit modèle sera pour les femmes qui ont un périnée déjà bien tonique, qui connaissent bien leur anatomie et qui veulent affiner leur ressenti.
- Le plus gros modèle pourra aussi être utilisé par les femmes qui ont un périnée tonique et qui veulent renforcer encore un peu plus cette tonicité en ajoutant davantage de poids.

Le plus important est de s'écouter : en fonction du moment, vous pouvez choisir telle ou telle taille d'œuf. C'est votre corps qui va vous orienter !

COMMENT SAVOIR SI VOUS AVEZ UN PÉRINÉE TONIQUE ?

Installez-vous dans un endroit calme, par exemple votre chambre. Mettez-vous debout et passez un doigt, par exemple l'index, dans le vagin. Contractez les muscles de votre périnée.

Observez maintenant vos sensations au niveau de votre doigt. Si vous ressentez un serrement bien présent, cela signifie que votre périnée est bien tonique. Si vous ne sentez rien, mettez un deuxième doigt dans le vagin et refaites le test. Si vous ne sentez pas le serrement sur vos doigts, cela signifie que la tonicité de votre périnée est à améliorer. Si vous ne sentez rien, faites le test avec un troisième doigt. Si vous ne sentez toujours rien, il devient urgent de travailler votre périnée !

Vous pouvez aussi faire le test avec un œuf, quelle que soit la taille. Si, une fois que vous l'avez introduit dans votre vagin, vous ne ressentez rien et/ou ne localisez pas bien l'endroit où se trouve l'œuf, votre périnée manque de tonicité.

En général, si vous avez moins de 40 ans et/ou n'avez pas eu d'enfant, votre périnée est assez tonique. En revanche, cette tonicité est moins présente après 40 ans et un ou plusieurs accouchements, et surtout si vous n'avez pas eu l'habitude d'entretenir votre périnée, par exemple en faisant du sport (yoga, pilates...).

Choisir la bonne pierre

Au temps de la Chine impériale, tous les œufs étaient en jade, le plus souvent vert (d'où leur nom d'« œufs de jade »). Il existait aussi des œufs en jade blanc, mais cette pierre était beaucoup plus rare, et donc réservée à une élite. Aujourd'hui, toutes les pierres sont facilement accessibles, et on trouve des œufs en matériaux très divers. Peut-être y a-t-il même trop de choix...

Au début, pas facile donc de faire un choix et de sélectionner l'œuf qu'il nous faut. Mais n'oublions pas que chaque femme est sa propre guérisseuse intérieure : elle sait intuitivement ce qui est bon pour elle...

Pour un premier œuf, Claudie Morizot, coach en sensualité et sexualité, conseille de se tourner vers le quartz rose, puis vers le jade vert.

- **Les propriétés du quartz rose :** amour, douceur, calme, réparation, cicatrisation... Cette pierre permet de guérir toutes les blessures, petites ou grandes. N'oublions pas en effet que le vagin est un lieu de mémoire (voir p. 29).

Commencer la pratique des œufs de Yoni avec cette pierre permet de faire un travail de purification et de nettoyage des violences et des agressions que l'on a pu subir dans sa vie, dans ses vies antérieures, dans ses lignées. C'est un bon choix pour commencer à réapprendre à s'aimer. Une fois que ce nettoyage a été fait, que vous vous sentez prête, vous pouvez vous tourner vers une autre pierre, comme le jade vert par exemple.

- **Les propriétés du jade vert :** puissance féminine, pouvoir... Il développe la connexion sexe-cœur-spiritualité, et vous permettra de découvrir la déesse qui sommeillait en vous.

Ensuite, l'expérience vous apprendra à écouter vos ressentis du moment pour choisir la pierre qu'il vous faut à tel ou tel moment. L'idéal étant d'en avoir plusieurs sortes afin d'utiliser celle qui vous semble, sur le moment, la plus adaptée.

Pour choisir en conscience la pierre qu'il vous faut, fiez-vous à votre intuition avant de faire intervenir votre mental, votre raison. Pour cela, il existe plusieurs manières de faire...

- Vous avez déjà une petite idée en tête sur le choix de votre pierre ? Vous vous sentez attirée par telle ou telle pierre, par exemple par sa couleur ou simplement par son nom ? Faites-vous confiance ! Ne cherchez pas plus loin en vous posant des questions ou en allant lire les propriétés de chaque pierre : c'est celle-là qu'il vous faut. À l'inverse, certaines pierres peuvent vous repousser : c'est le signe qu'elles ne sont pas encore faites pour vous.

PETITES CONFIDENCES…

« Je ne fonctionne qu'à l'instinct et à l'intuition. Alors, pour le choix de mon premier œuf, je me suis fait confiance. Sur le site www.oeufs-de-yoni.com, je me suis attardée sur quelques pierres… Leur couleur, leurs motifs : certaines pierres me parlaient plus que d'autres. Ce n'est qu'après que j'ai regardé les descriptifs, les significations et les correspondances avec les chakras. C'était bingo, car elles correspondaient à ce dont j'avais besoin ! »

Sabine Rainard,
coach de vie.

- Vous pouvez aussi noter les noms des différentes pierres sur des petits morceaux de papier puis les retourner. Fermez les yeux, détendez-vous (vous pouvez chantonner si vous le souhaitez). Mettez vos mains sur votre ventre et votre sexe en interrogeant votre grotte sacrée : « Dis-moi ce dont tu as besoin. » Puis tendez la main et prenez un petit papier : vous découvrirez le nom de la pierre qu'il vous faut.
- Le soir, avant de vous coucher, vous pouvez aussi vous poser la question : « Quelle pierre est faite pour moi ? » Le lendemain matin, vous devriez avoir la réponse…
- Vous pouvez utiliser un pendule pour vous aider à choisir votre œuf. Si le mouvement est plus prononcé vers une pierre que vers une autre, choisissez-la.
- Vous pouvez aussi prendre quelques minutes pour vous poser cette question : « De quoi ai-je besoin en ce moment ? Plutôt de calme et de sérénité, ou plutôt de dynamisme et de joie ? » En fonction de votre réponse, vous pourrez choisir votre œuf en vous

fiant aux indications particulières de chaque pierre (voir la partie « Abécédaire » p. 148).

- Si vous le souhaitez, vous pouvez aussi prendre quelques minutes pour vous et faire une méditation pour vous aider à choisir votre œuf. Voir la méditation proposée par Efféa Aguiléra, coach psychocorporelle et danse-thérapeute, spécialiste du périnée p. 33. Elle est également disponible à cette adresse : https://cursus.academie-developpement-personnel.com/livre-a-la-decouverte-oeuf-de-yoni.

LAISSEZ-VOUS GUIDER PAR L'ORACLE…

Afin de découvrir un peu plus le pouvoir des œufs et de révéler la femme magnifique que vous êtes, vous pouvez retrouver le seul oracle dédié à cette thématique sur la boutique : oeufs-de-yoni.com.

Un oracle est composé de cartes qui vous permettent d'avoir un éclaircissement sur une situation. Il vous permet de mieux vous connaître et d'avoir accès à votre inconscient. Certains l'utilisent comme un outil de divination.

Si vous avez aimé les illustrations de femmes de ce livre, vous allez adorer cet oracle, dont les dessins et peintures ont été réalisés par la même artiste, Francesca Volchitza. Les textes inspirants et inspirés sont d'Efféa Aguiléra, que vous retrouvez tout au long de cet ouvrage.

Œuf percé ou œuf plein ?

Certains œufs sont troués au niveau de l'une des extrémités (la partie la plus fine). Ainsi, vous pouvez passer un fil dans le trou, et il vous suffira de tirer dessus pour faire sortir l'œuf, comme un tampon. Cela peut être rassurant au début, si vous avez peur de ne pas réussir à faire sortir l'œuf de votre vagin...

L'œuf plein, lui, a l'avantage d'être plus facile à nettoyer, car il n'y a pas de petit trou.

L'ASTUCE EN +

Pour la ficelle, optez pour du fil dentaire neutre (non mentholé), et assurez-vous que le fil est assez long mais pas trop.

Jetez la ficelle après chaque utilisation. Et n'oubliez pas de bien nettoyer dans le trou pour évacuer les mucosités. Vous pouvez aussi acheter en pharmacie une petite brosse adaptée.

Qui peut utiliser l'œuf ?

Pour toutes les femmes, à tous les âges de la vie...

Les œufs de Yoni peuvent être utilisés par toutes les femmes qui souhaitent retrouver leur puissance féminine, et même les plus jeunes femmes ou filles, quel que soit leur âge. Il faudra simplement, bien sûr, adapter la pratique.

- Chez les petites filles : l'œuf peut être placé sous l'oreiller ou sur la table de nuit, afin de les familiariser avec la puissance de la pierre, d'ouvrir leur intuition et de favoriser le dialogue.
- Chez les adolescentes : un petit œuf peut constituer un beau cadeau pour les premières règles. C'est aussi l'occasion d'une discussion, et d'une transmission simple et naturelle de femme à femme, comme l'explique Caroline Gauthier p. 68-71.
- Chez la femme adulte : il peut être utilisé à n'importe quel âge, pour mieux se connaître, apprendre à se faire confiance, jouer avec son partenaire... Il peut aussi être utilisé après l'accouchement pour rééduquer le périnée.
- Pendant la ménopause : l'œuf apporte une solution efficace pour soulager certains maux. Il permet aussi de continuer sa vie de femme, et de savourer au mieux cette période.
- Célibataire ou en couple, peu importe également. L'œuf peut être présent dans la vie de chaque femme, à tout moment de sa vie.

Les principales contre-indications à l'utilisation des œufs

Si l'œuf peut être utilisé par toutes les femmes, il existe cependant de rares exceptions.

- Si vous êtes enceinte ou si vous venez tout juste d'accoucher, demandez d'abord conseil à votre médecin ou à votre gynécologue.
- Si vous souffrez d'une infection (du vagin, de la vulve ou de la vessie) ou de tout autre problème gynécologique, n'utilisez pas les œufs.
- Pendant les règles, la pratique est généralement déconseillée. En effet, pendant cette période, la femme a déjà énormément d'énergie et de puissance intérieure. Nul besoin d'en rajouter ! Mais rien ne vous empêche d'essayer : le plus important est d'être à l'écoute de votre corps et d'observer vos réactions. C'est à vous de voir si cette pratique pendant les règles vous apporte des bienfaits...

PETITES CONFIDENCES...

« En yoga, on déconseille aussi certaines postures pendant la période des règles, notamment celles qui demandent de mettre la tête en bas et le bassin vers le haut. En réalité, tout dépend de son ressenti personnel. Pour ma part, je me suis aperçue que ces positions ne me convenaient pas le premier jour de mes règles, mais qu'elles ne me posaient pas de problème les autres jours. Le plus important est d'être à l'écoute de son corps : c'est lui et lui seul qui peut vous dire ce qui lui convient ou pas. »

Peggy.

IMPORTANT !

Si vous ressentez un inconfort lorsque vous utilisez l'œuf, retirez-le immédiatement. Ce n'était peut-être pas le moment pour vous. Ou alors vous avez peut-être une problématique à voir avec votre médecin.

Toutes les réponses à vos questions les plus courantes

Faut-il lubrifier l'œuf afin de lui permettre d'entrer plus facilement ?

Il est possible de lubrifier l'œuf (avec un peu d'huile de coco, de lubrifiant, votre salive...), notamment en cas de sécheresse intime avancée. Mais le plus important à retenir est qu'il ne faut pas forcer. Placez votre œuf devant votre vagin et observez vos sensations. Votre Yoni va palpiter et « appeler » la pierre. Vous pouvez alors pousser légèrement l'œuf, parfois même elle va simplement l'aspirer. Le lubrifiant ne sera donc pas nécessaire...

Comment faire sortir l'œuf du vagin ?

Pour expulser l'œuf de votre vagin, il suffit d'activer les mêmes muscles que lorsque vous allez à la selle. Autre solution : mettez-vous en position de la grenouille, comme illustrée ci-contre. Au fur et à mesure de la pratique, vous allez pouvoir faire sortir l'œuf de façon très naturelle, également en position debout.

LE CONSEIL EN +

Au début, si vous avez peur que l'œuf ne sorte pas tout seul, utilisez des œufs troués, à relier avec une petite ficelle que vous n'aurez qu'à tirer (voir aussi p. 85).

L'œuf peut-il sortir tout seul ?

Si votre périnée n'est pas suffisamment tonique, vous aurez du mal à garder l'œuf, et il sortira tout seul. Dans ce cas, vous pouvez le mettre la nuit ou faire les exercices de tonification du périnée à raison de quelques minutes chaque jour (voir p. 139-146) : en deux semaines, votre périnée sera assez tonique pour garder votre œuf !

Mais l'œuf peut aussi sortir tout seul dans d'autres circonstances. Si tel est le cas, si vous sentez votre œuf descendre sans que vous parveniez à le maîtriser alors même que votre périnée est bien tonique, cela signifie tout simplement que l'œuf a terminé son travail. Vous avez juste à le laisser sortir, et à le rattraper.

Il peut aussi sortir pour d'autres raisons, par exemple quand votre chéri rentre à la maison. Dans ce cas, votre corps vous dit peut-être qu'il aimerait accueillir autre chose que l'œuf dans sa grotte sacrée... Écoutez ce qu'il a à vous dire !

L'œuf peut-il rester coincé... ou alors « se perdre » dans le vagin ?

La question est tout à fait légitime, et la réponse est non, rassurez-vous ! Si vous connaissez bien cette zone de votre corps, vous avez compris qu'il ne peut rester que dans votre vagin. Celui-ci est en effet fermé de tous les côtés : par l'anus et le gros intestin d'un côté, par la vessie de l'autre, et par le col de l'utérus en haut (*voir aussi le schéma de la page 36*). Il n'y a donc aucun risque qu'il reste coincé ou « remonte » ou se « perde » dans votre organisme.

En revanche, sachez que l'œuf peut aller là où il veut aller dans votre vagin. Si vous optez pour le quartz rose par exemple, qui est une pierre favorisant la réparation, il peut aller se nicher un peu plus longtemps dans la partie qui a été blessée.

Quand l'œuf ressort, il est couvert de sécrétions blanches. Est-ce normal ?

Ces sécrétions, aussi appelées « pertes blanches », sont une substance naturellement produite par l'utérus pour le nettoyer. Elles sont donc tout à fait normales.

Est-ce inconfortable d'avoir un œuf en pierre dans son vagin ?

Non, pas du tout ! Au début, vous risquez même de ne pas vous en rendre compte, car la sensibilité de cette zone n'est pas encore développée… Mais, au fur et à mesure de la pratique, vous allez commencer à renforcer votre plancher pelvien et à développer votre sensibilité. L'énergie circulera plus facilement et vos organes sexuels seront plus sains. Vous serez alors capable de ressentir la plénitude apportée par l'œuf, quelle que soit la taille choisie. Vous pourrez alors faire plein de choses avec votre œuf (marche, yoga…), sans être dérangée.

Si la sensation vous est inconfortable, cela veut dire que quelque chose bloque. Dans ce cas, ôtez l'œuf, et parlez-en avec votre médecin.

Le fait d'avoir un stérilet empêche-t-il l'utilisation de l'œuf ?

Pas du tout, car le stérilet est posé dans l'utérus (il y a juste un petit fil qui sort de l'utérus, que l'on ne sent pas), tandis que l'œuf est accueilli dans le vagin. Les deux ne sont donc pas incompatibles. Idem pour le stérilet hormonal.

Combien de temps peut-on garder l'œuf à l'intérieur de son vagin ?

Il n'y a pas de règles en la matière. Comme toujours avec l'œuf, c'est à vous de choisir : vous pouvez le garder 5, 10, 15, 20 minutes, 2 heures, toute la journée ou même toute une nuit. Tout dépend de vous et de votre ressenti !

Vous pouvez décider de le faire sortir vous-même, uniquement par envie ou, par exemple, si vous devez partir de la maison pour un rendez-vous, prendre l'avion, etc. ou encore que vous ne voulez pas le garder. Concernant la durée idéale, il n'y a pas de normes : une fois entré dans la grotte sacrée, l'œuf se loge dans un petit recoin de votre vagin et il peut y rester quelques minutes, quelques heures, voire une journée ou plusieurs. Parfois, la pierre a besoin de beaucoup de temps pour faire son travail. Quand l'œuf aura envie de descendre, il ressortira. Si vous avez envie de l'enlever, vous pourrez aussi le faire (voir p. 89). Mais, surtout, ne forcez jamais pour le déloger : n'allez pas le chercher avec le doigt, ne tirez pas fortement sur la ficelle. Vous risqueriez de vous faire mal.

Vous pouvez aussi décider d'attendre que l'œuf sorte tout seul. Si vous ne le faites pas sortir, il le fera tout seul à un moment ou à un autre.

Mais sachez que, de manière générale, il est conseillé de ne pas le porter en permanence, mais de manière épisodique, et sur de courtes durées au début. La première fois, si l'œuf ressort tout de suite, cela signifie que votre périnée n'est pas tonique : des exercices de rééducation seront d'abord nécessaires avant d'utiliser la pierre (*voir aussi p. 80*). Vous ne pouvez pas demander à votre corps de courir un marathon si vous ne l'avez pas entraîné… C'est pareil avec les œufs ! Une fois que vous vous serez habituée à cette pratique, et que votre périnée sera bien tonique, vous pourrez garder l'œuf plus longtemps.

PETITES CONFIDENCES…

« La première fois, l'œuf est resté en place quelques heures… J'ai remarqué que, chez moi, certaines pierres restent plus longtemps que d'autres. Sûrement parce que mon corps a plus besoin de l'énergie qu'elles apportent… »

Peggy.

Peut-on dormir avec un œuf ?

Cela est tout à fait possible. Vous pouvez le mettre le soir, et le retirer le matin, cela ne pose aucun problème. Dans ce cas, vous pouvez opter pour un quartz rose, idéal pour apporter du calme et de la sérénité pendant le sommeil.

À quelle fréquence utiliser l'œuf ?

Il n'y a pas de règle ! Vous pouvez utiliser l'œuf de temps en temps ou bien tous les jours, pour faire des exercices de tonification du périnée par exemple. C'est vous qui décidez, en fonction de votre emploi du temps et de vos envies.

Bien sûr, plus vous allez utiliser l'œuf, plus vous en ressentirez les bénéfices sur votre corps et au niveau de votre énergie.

Faut-il être obligatoirement allongée quand on porte l'œuf ? Ou alors peut-on marcher, courir, vaquer à ses occupations quotidiennes ?

La première fois, il est conseillé de l'utiliser en position allongée. De cette manière, vous serez plus détendue, et plus concentrée sur vos ressentis. Mais, au fur et à mesure de la pratique, vous pourrez l'utiliser debout, voire faire d'autres choses en même temps. Tout est une question de tonicité de votre périnée. Le plus important est de vous écouter !

Est-ce qu'il y a un risque qu'il tombe si je le porte dans la journée (au bureau par exemple) ?

Votre périnée fonctionne comme n'importe quel muscle. S'il n'est pas tonique, l'œuf sort très rapidement. S'il est tonique, il peut rester en place très longtemps. Tout dépend donc de votre entraînement !

Quand on a plusieurs œufs de différentes pierres, comment savoir lequel choisir ?

Dans le choix de l'œuf, l'intuition a une place essentielle : c'est votre corps qui va vous dire de quelle pierre il a besoin à l'instant T.

Vous pouvez aussi utiliser cette astuce confiée par Véronique… Posez tous vos œufs sur votre lit et fermez les yeux. Faites un petit exercice d'ancrage tout simple. Respirez profondément quelques secondes pour vous poser. Puis choisissez une pierre au hasard, sans regarder. Mettez l'œuf dans vos mains, et conservez-le sans ouvrir les yeux. Écoutez ce que vous dit votre corps. Laissez passer les pensées parasites. Revenez à votre respiration pour vous recentrer. Donnez-vous le temps, pour revenir à vous. Restez à l'écoute de votre corps. Idéalement, les œufs doivent être de la même taille. Puis rouvrez les yeux et découvrez la pierre que vous avez entre les mains : peut-être ses propriétés sont-elles en correspondance avec la zone ou le chakra où vous avez ressenti les effets de la pierre. Si vous ne ressentez pas tout de suite l'énergie de la pierre, ne vous découragez pas : cela viendra au fil de la pratique.

PETITES CONFIDENCES…

« J'ai plusieurs œufs à la maison, et le choix est parfois très rapide, parfois plus difficile… C'est très amusant d'en prendre conscience et d'observer l'effet miroir avec ce qui se passe dans sa vie. Personnellement, dans les moments où je sais exactement de quoi j'ai besoin, le choix de mon œuf est simple. En revanche, lorsque je suis dans une période plus floue, je retrouve ce comportement dans le choix de l'œuf.

Tout cela dépend aussi de mon cycle menstruel. Lorsque je suis dans la phase dynamique de mon cycle (du 8ᵉ au 16ᵉ jour du cycle environ), j'aimerais parfois avoir encore plus d'énergie et de vitalité. Ma tête aimerait un jaspe rouge. Alors je me pose et je me connecte à moi-même. Souvent, je me rends compte qu'en réalité j'ai besoin de calme, d'être en lien avec mon intuition : mon choix va alors se faire sur un œuf en cristal de roche ou en améthyste. D'autres fois, j'ai davantage besoin de me sentir protégée et entourée de douceur : je me tourne alors vers le quartz rose.

Avec l'expérience, on apprend que l'on a toujours besoin de la polarité opposée. Par exemple, si je suis dans une phase créative, je vais rechercher un œuf qui va développer la structure et l'organisation, afin de favoriser un certain équilibre. »

Peggy.

Est-il possible de partager son expérience des œufs de Yoni avec son partenaire ?

C'est à vous de décider ! Vous pouvez parfaitement utiliser les œufs sans en parler à personne, même pas à votre chéri. Si ce travail est important pour vous, si le fait de le faire seule l'est aussi, gardez votre expérience pour vous. C'est souvent ce qu'il se passe au début : vous sentez que vous avez besoin d'un temps d'apprentissage seule avec l'œuf, et vous ne vous sentez pas encore à l'aise pour en parler à votre partenaire. Cela ne pose aucun problème : prenez votre temps et profitez de cette parenthèse qui est uniquement pour vous.

Dans un deuxième temps, s'il vous pose des questions sur le sujet, s'il s'y intéresse et a envie d'en savoir plus sur cette pratique, n'hésitez pas à lui répondre si vous en avez envie, si vous souhaitez partager avec lui vos expérimentations et vos ressentis. Vous pouvez partager tout cela, mais à une condition : que lui aussi ait envie de savoir et de partager votre expérience. Si tel est le cas, vous pourrez alors lui raconter les sensations que vous procure cette pratique, celles qui sont liées à telle ou telle pierre, telle ou telle taille d'œuf, tel ou tel exercice... Comme toujours dans le couple, il est essentiel de déterminer ce qui est important pour soi et de respecter ce qui est important pour lui.

PETITES CONFIDENCES
(le point de vue d'un homme)...

« Faire participer l'homme à la pratique des œufs de Yoni, c'est quelque chose d'incroyable. On peut par exemple lui proposer de faire entrer et sortir l'œuf du vagin. En voyant cela, le regard de l'homme va être transformé : il va voir l'origine du monde ! C'est un moyen merveilleux de connexion, un vrai moment de connivence : on peut en rire, partager un moment tendre, plein d'émotions différentes. »

Jacques Ferber,
enseignant en tantra.

Est-il possible d'utiliser l'œuf pendant une relation sexuelle ?

Si vous en avez envie tous les deux, l'œuf peut parfaitement être intégré dans votre relation sexuelle. Il peut même la pimenter ! Vous pouvez l'utiliser par exemple lors des préliminaires (car il permet une augmentation de la lubrification). Il peut être envisagé comme un jeu entre vous : par exemple, vous pouvez si vous le souhaitez demander à votre partenaire de l'introduire dans votre grotte sacrée. Vous pouvez ensuite le retirer ou le garder lors de la pénétration. Chacun pourra ensuite raconter son ressenti de la relation avec l'œuf...

PETITES CONFIDENCES (le point de vue d'un homme)...

« La première fois que nous avons utilisé l'œuf avec Peggy lors d'une relation sexuelle, elle m'a dit : "Ce soir, je vais te présenter mon œuf..." J'ai eu l'impression qu'on allait avoir une relation à trois, que l'œuf était son amant ! Pendant la relation, j'ai senti que je n'étais pas "tout seul", mais, au final, j'ai assez peu senti l'œuf... J'ai surtout constaté que cela faisait beaucoup d'effet à Peggy ! »

Jeff.

CHAPITRE 4

VOUS ET VOTRE ŒUF : PREMIÈRE RENCONTRE…

Prendre soin de son œuf

Faites connaissance avec votre œuf

La première fois que vous touchez votre œuf, prenez le temps de l'observer, de le toucher. Le but est de vous l'approprier, comme s'il avait toujours fait partie de votre vie. Pour cela, utilisez vos cinq sens :

- La vue : regardez-le attentivement, observez sa forme, sa couleur, ses reflets…
- Le toucher : caressez-le, observez sa texture, sa chaleur… Passez-le sur votre peau.
- L'odorat : sentez-le… A-t-il une odeur ?

- L'ouïe : écoutez-le en le plaçant près de votre oreille. Peut-être aura-t-il une belle histoire de femmes à vous raconter ?
- Le goût : passez votre langue sur sa surface et observez vos sensations, analysez son goût...

Vous pouvez aussi faire preuve d'imagination et tester ou inventer un autre moyen de faire connaissance avec votre œuf. C'est votre moment à vous, amusez-vous, faites-vous plaisir !

LE CONSEIL EN +

Quand vous recevez votre œuf, vous n'êtes pas obligée de le mettre tout de suite dans votre vagin. Allez-y à votre rythme ! Pour vous « habituer » à lui, vous pouvez le placer sous votre oreiller pendant que vous dormez, pendant une nuit ou davantage...

Avant chaque utilisation

Le « nettoyage » de l'œuf se fait en deux phases distinctes.

La phase 1 concerne le nettoyage « hygiénique ». Il est obligatoire avant chaque utilisation.

Pour les pierres qui peuvent être bouillies (toutes celles de la famille des jaspes et des tourmalines) :

- Mettez votre œuf dans une casserole remplie d'eau à température ambiante.

- Faites chauffer tout doucement jusqu'à ébullition.
- Laissez bouillir 10 minutes (pas plus).
- Sortez l'œuf de l'eau (attention, c'est très chaud, utilisez par exemple une cuillère), et laissez-le refroidir sur un chiffon propre.
- Séchez-le bien, il est prêt à être utilisé.

Pour les pierres qui ne peuvent pas être bouillies (famille des quartz) :

- Lavez l'œuf à l'eau et au savon intime.
- Puis nettoyez-le avec de l'alcool à 90° et du coton. Il est prêt à être utilisé.

La phase 2 concerne la partie énergétique. Dans cette phase, il y a deux étapes : le nettoyage ou la purification et le rechargement.

NETTOYAGE ET PURIFICATION ÉNERGÉTIQUES...

Ces rituels sont utilisés dans de nombreuses cultures (amérindienne, balinaise... entre autres). Ils font appel à la puissance de l'énergie de la lune et du soleil et à la force des intentions pour apporter la paix et la protection.

- La lune est en connexion avec la puissance féminine, notre polarité yin.
- Le soleil est en connexion avec la puissance masculine, notre polarité yang.

J'ai créé 5 méditations sur ce sujet, que vous pouvez retrouver sur le site oeufs-de-yoni.com.

Le nettoyage ou purification

Ce nettoyage est comparable à une douche : il permet d'enlever les saletés, les impuretés énergétiques. En effet, lors de son extraction, de sa fabrication et de son emballage, la pierre a été touchée à plusieurs reprises par des personnes différentes, qui ont laissé leur « empreinte énergétique ». La pierre porte toutes ces vibrations, qui peuvent ne pas vous correspondre. Lorsque vous portez la pierre ou lorsque vous la laissez dans un endroit, elle se charge également de vibrations qu'il faut enlever.

Il existe de nombreuses méthodes différentes pour nettoyer énergétiquement votre œuf. J'aime la technique pratique de Véronique Martin, qui consiste à passer la pierre sous l'eau du robinet ou l'eau d'une source (si vous avez la chance d'en avoir une proche de chez vous), tout en lui apportant une belle intention comme : « Eau, je te demande de nettoyer et de purifier tout ce que la pierre a pu absorber. » Voir aussi p. 108.

Le nettoyage se fait régulièrement en fonction de votre utilisation. Au début, vous pouvez nettoyer la pierre tous les mois, puis, avec le temps, vous allez savoir intuitivement quand c'est le bon moment.

Le rechargement

Une fois la pierre nettoyée, vous pouvez lui redonner du peps en la rechargeant. Pour cette étape, il existe également de nombreuses façons de procéder, en fonction de la pierre. En voici quelques-unes.

Méthode n° 1 : certaines pierres se rechargent dans un bol d'eau de source ou d'eau distillée. Selon la pierre, vous pourrez ajouter 3 cuillères à soupe de sel gris de mer dans l'eau. Laissez ensuite reposer votre pierre pendant toute une nuit à la pleine lune, ou bien quelques heures au soleil (tout dépend de la pierre, voir le tableau page suivante).

LES CONSEILS EN +

- **Si vous avez plusieurs œufs, placez-les dans des bols séparés.**
- **Pour une régénération optimale de l'œuf à la lune, faites ce rituel en période de pleine lune ou de nouvelle lune. Vous trouverez le détail des périodes sur le site www.calendrier-365.fr/lune/phases-de-la-lune.html.**

Méthode n° 2 : vous pouvez recharger votre pierre sur un amas de quartz ou une géode d'améthyste[4]. Habitant en ville, c'est l'une des méthodes que je préfère. L'amas est un morceau de plusieurs cristaux qui permet de poser aisément l'œuf dessus. La géode peut accueillir un œuf en son sein. Il faut de temps en temps mettre l'amas ou la géode dans la terre (*voir méthode n° 3*).

Méthode n° 3 : mettez la pierre dans la terre et laissez-la une nuit, une journée, quelques jours... Cette méthode est particulière, car elle permet de faire la purification et le rechargement en même temps. La terre est la mère nourricière, elle a le pouvoir d'absorber aussi bien les énergies dont on n'a plus besoin que de recharger la pierre en une nouvelle énergie.

4. Vous trouverez des amas et des géodes sur mon site Internet : www.palaisdespierres.com.

Recharger sa pierre : mode d'emploi

	Eau non salée	Eau salée	Terre	Soleil
Agate		●		●
Améthyste		●		● (peu de soleil, tôt le matin, 1 heure environ)
Aventurine bleue		●		● (peu de soleil, le matin)
Aventurine verte		●		●
Cornaline		●		●
Fluorite	●			●
Howlite	●		●	●
Jade (blanc, jaune ou vert)		●		●
Jaspe dalmatien		●		●
Jaspe rouge		●		● (beaucoup)
Obsidienne noire				●
Œil-de-tigre		●		●
Quartz cristal		●		● (beaucoup de soleil, soleil levant)
Quartz pastèque		●		●
Quartz rose		●		● (pas de rayons directs)
Serpentine	●		●	
Unakite		●	●	●

Lune	Amas de quartz ou géode d'améthyste	Conseils
	●	
	●	Ne pas l'exposer au soleil vif ou à la pleine lune
●	●	
●	●	
	●	
	● (quartz ou fluorites de la même couleur)	
	●	
●	●	
	●	
	●	
● (surtout pleine lune)	● (quartz)	Aussi lumière des flammes
●	●	
	●	
	●	
●	●	
	● (quartz)	
	●	

PETITES CONFIDENCES...

« Pour ma part, avant d'utiliser mon œuf, je le passe sous l'eau en lui disant plusieurs fois : "Que cette eau te nettoie et te purifie de tout ce que tu as pu absorber." Après, je l'essuie et je le mets à charger afin qu'il récupère ses propriétés originelles.

Voici aussi une astuce pour savoir s'il faut recharger la pierre au soleil ou à la lune : pour les pierres chaudes ou associées aux trois premiers chakras, je les mets directement au soleil pendant au moins deux heures, un peu plus en hiver. Pour les pierres correspondant aux trois chakras supérieurs, c'est-à-dire associées aux couleurs froides, je les mets directement à la lune, pendant toute la nuit. Pour les pierres qui agissent au niveau du chakra du cœur, vous pouvez les mettre à la lune ou au soleil. »

Véronique Martin,
coach en libération des potentiels.

Après chaque utilisation

Lavez votre œuf à l'eau et au savon intime, séchez-le soigneusement, puis rangez-le dans un endroit propre, idéalement dans une petite pochette réservée à cet usage.

LE CONSEIL EN +

Si votre œuf est troué, soyez particulièrement attentive au nettoyage de la partie trouée. Vous pouvez utiliser une petite brosse pour bien le nettoyer.

La toute première fois...

La première utilisation de l'œuf est toujours un peu impressionnante, voire stressante. Vous pouvez aussi la ressentir comme étrange, voire vous sentir un peu mal à l'aise. D'où l'importance de s'y préparer, pour profiter de ce moment dans les meilleures conditions possibles...

PETITES CONFIDENCES...

« La première fois que j'ai utilisé les œufs de Yoni, j'étais très angoissée, et je me suis posé des milliers de questions. Et finalement on se laisse aller..., et c'est un véritable bonheur ! En fait, c'est comme toutes les premières fois : on appréhende un peu, on a beaucoup de doutes. Mais cela se finit toujours très bien ! »

Peggy.

Pour être en confiance et profiter pleinement de ce moment magique, créez votre petit rituel... Découvrez aussi la méditation pour vous accompagner p. 114.

- Installez-vous dans un endroit où vous vous sentez bien (chambre, salon, salle de bains...), et surtout dans un endroit où vous êtes sûre que vous ne serez pas dérangée. Prévoyez au moins 30 minutes. Et, bien sûr, éteignez votre téléphone portable...
- Créez une ambiance sereine : bougie, musique, diffusion d'huiles essentielles...
- Si possible, déshabillez-vous (soyez nue dans l'idéal). Lavez-vous les mains.

- Vous pouvez commencer par quelques minutes de méditation ou de relaxation, afin de vous détendre et de faire une coupure avec votre quotidien.
- Posez une intention sur ce que vous allez faire. Par exemple, dites simplement : « J'ai envie d'accueillir l'œuf avec joie et simplicité dans ma grotte sacrée. »
- Allongez-vous. C'est une position facile et confortable pour accueillir l'œuf, surtout la première fois. Vous pouvez aussi vous mettre dans un bain si vous le souhaitez.
- Prenez votre œuf dans vos mains, et connectez-vous à lui. Regardez-le, touchez-le, puis faites-le rouler doucement sur votre corps. Caressez-vous et massez-vous avec tout doucement, sensuellement, jusqu'à vous arrêter au niveau de votre sexe.
- Présentez la partie la plus large de l'œuf au niveau de votre vulve. Écoutez vos sensations, puis faites entrer l'œuf tout doucement...

QUEL CÔTÉ DE L'ŒUF INSÉRER EN PREMIER ?

Cela peut paraître contre-intuitif, mais il est préférable de commencer en insérant la partie la plus large de l'œuf en premier, et non la plus fine.

Si vous sentez que cela ne vous convient pas, faites-le différemment. Le plus important est de vous écouter. À vous de choisir ce qui convient le mieux en fonction de vos ressentis !

Si vous utilisez des œufs troués, vous n'aurez logiquement pas le choix.

Notez aussi qu'une fois inséré dans votre vagin l'œuf peut changer de position. Cela ne pose aucun problème.

Il ne vous reste plus qu'à vous écouter… Mettez-vous au rythme de votre grotte sacrée, écoutez vos sensations et vos ressentis. Vous pouvez ressentir de l'excitation ou de la peur, vous allez vous demander ce que vous êtes en train de faire… La première fois, c'est tout à fait normal : toutes les questions et les émotions peuvent être présentes et s'emmêler…

Le plus important est de ne pas vous forcer : si vous sentez que ce n'est pas pour aujourd'hui, que votre grotte sacrée n'a pas envie d'accueillir l'œuf, ce n'est pas un souci. Laissez-vous du temps. Et tentez à nouveau l'expérience quand vous vous sentirez à nouveau prête… Lorsque votre œuf est dans votre grotte sacrée, certaines propriétés de la pierre peuvent se révéler… Lâchez prise, et voyez ce qui se passe. Respirez tranquillement et sentez l'énergie de la pierre agir.

PETITES CONFIDENCES…

« Quand j'ai reçu mon premier œuf, j'étais très contente. C'est comme si j'avais reçu un objet précieux. Mais j'ai mis du temps à l'utiliser : je pense que j'ai dormi avec sous mon oreiller pendant deux ou trois nuits, avant de me décider à commencer la pratique. J'ai pris du temps pour moi. J'ai pris une douche, j'ai mis de la crème, j'ai laissé venir les choses naturellement. J'avais aussi un peu peur que cela ne rentre pas. Mais, en fait, il se passe quelque chose d'assez incroyable : comme une aspiration, comme si le corps demandait à recevoir cet œuf. Ce n'est pas quelque chose qu'on introduit en soi : on s'offre quelque chose, on est dans l'accueil, et le corps est dans la réception. Mon œuf est resté longtemps en place, je n'ai pas voulu l'enlever. Il est resté là plusieurs jours… J'ai laissé les choses venir, je ressentais de la douceur, de

la force, de l'amour, de la joie, de l'apaisement. À chaque pratique, je ressentais des choses différentes. Cela dépend de la pierre. À chaque fois, c'est mon corps qui me réclame un œuf. Je ne me dis pas : "Tiens j'ai du temps, je vais mettre un œuf..." Cela se passe plutôt au niveau du ressenti : mon corps me dit que j'ai besoin de douceur. Je ne me pose pas non plus la question de l'œuf que je vais choisir. J'écoute mon corps, et c'est lui qui me le dit. »

Mélanie Rey,
infirmière en cours de reconversion comme thérapeute en psychologie transpersonnelle et auto-entrepreneure dans le domaine du développement personnel.

PETITES CONFIDENCES...

« Quand j'ai reçu mes pierres, j'ai vu leur taille, et j'ai eu un peu peur. Je me suis demandé comment cela allait se passer ! Le soir même, j'ai fait connaissance avec le quartz rose. Je sentais une espèce d'impulsion. Pour moi, c'était vraiment le bon moment. L'expérience a été top, et très étonnante ! C'est le corps qui appelle, qui prend, qui attire la pierre. Il n'y a pas de geste à faire. Il n'y a pas à forcer, pas de résistance. J'ai laissé faire. Je ne me suis pas posé de questions. Je l'ai gardée entre 14 et 18 heures. J'ai dormi avec, puis, le lendemain, j'ai passé une grosse partie de la journée avec. Je me suis sentie assez fatiguée, mais je n'ai pas eu de douleur dans le bas-ventre ou d'effet particulier. À certains moments, je sentais qu'elle était là... À d'autres moments, non. Le plus étonnant est que la pierre sort quand elle en a envie.

Après cette première expérience, j'ai porté mon œuf en quartz rose tous les jours, environ quatorze à dix-

huit heures, pendant trois ou quatre jours. J'étais chez moi, en vacances, relax. Le cinquième jour, quand j'ai voulu le remettre, il est sorti tout de suite. Comme s'il me disait : c'est bon, la réparation est terminée. Du coup, je suis passée à une autre pierre, le lapis-lazuli. J'ai dû la garder quinze heures environ la première fois. Après, j'ai fait une pause, car je suis partie en séminaire. En rentrant, j'ai réessayé le quartz rose, qui n'a pas voulu rester. J'ai alors remis le lapis-lazuli, qui est resté deux fois pendant quatre ou cinq heures. Et puis c'est tout. Peut-être que maintenant, je vais passer à une autre pierre... »

Sabine Rainard,
coach de vie.

PETITES CONFIDENCES...

« Les œufs de Yoni sont entrés dans ma vie au moment où j'en avais besoin. J'avais besoin d'ancrage, d'aller de l'avant, de me sentir en confiance, et j'ai découvert les œufs à ce moment-là. Tout de suite, le jaspe rouge m'a attirée, et je l'ai commandé. En attendant l'arrivée de ma commande, je me suis mise en condition. Je me suis préparée, psychologiquement et émotionnellement, à l'accueil de cet œuf. Quand je l'ai reçu, j'ai commencé par le toucher, le regarder, comme un petit doudou. C'était comme si je me connectais physiquement avec lui. Je l'ai pris avec moi, dans ma poche. Et puis, quand j'ai senti que le moment était venu, je l'ai mis en moi. Tout de suite, je me suis sentie pleine, comme remplie, vraiment ancrée. C'était vraiment bluffant. J'ai ressenti comme une envie d'aller sans me poser de questions. »

Véronique Martin,
coach en libération des potentiels.

PARTIE 2

Méditations et exercices à faire avec ou sans œuf

CHAPITRE 5

LES MÉDITATIONS

Méditation n° 1 : pour inviter son vagin à « choisir » l'œuf dont il a envie

Cette méditation vous est proposée par Efféa Aguiléra, coach psychocorporelle et danse-thérapeute, spécialiste du périnée.

Vous pouvez aussi écouter cette méditation en allant à cette adresse : https://cursus.academie-developpement-personnel.com/livre-a-la-decouverte-oeuf-de-yoni.

Bonjour et bienvenue pour cette méditation de connexion à votre intime, votre grotte intime, votre vagin. Ma proposition ici est de vous guider pour vous relier en méditation à votre vagin. Ainsi, vous ouvrirez un espace d'écoute afin qu'il nous informe de façon subtile de l'œuf qui lui convient aujourd'hui, soit pour le choisir si vous en possédez déjà, soit pour en faire l'acquisition si c'est votre projet. Cette écoute fine et sensitive de vous-même vous ouvre à ce dont votre espace intime a envie ou besoin aujourd'hui. C'est une invitation à choisir depuis les profondeurs de votre ventre, depuis vos terres de femme. Cette méditation est une perle de douceur et de respect pour vous-même. Elle vous ouvre à vous choisir dans « être » et non dans « faire ». Avant de vous asseoir, prenez de quoi écrire près de vous si c'est possible.

Alors que vous vous installez pour cette méditation, je vous invite à ralentir, à vous laisser le temps d'une transition avec ce que vous faisiez juste avant. Invitez petit à petit vos sensations corporelles. Choisissez un endroit et un moment où vous ne serez ni surprise ni dérangée pendant ce rendez-vous avec vous-même.

Pour la première partie de cette méditation, je vous propose de vous installer assise tout en respectant le confort dont vous avez besoin. Ressentez le poids de votre corps sur votre coussin ou votre siège. À chaque expiration, ressentez que votre corps se dépose un peu plus et que vos appuis se font plus moelleux et plus clairs. Laissez-vous le temps. Ancrez-vous tranquillement.

Amenez maintenant votre attention vers votre respiration. Ressentez le va-et-vient de l'air, votre poitrine et votre ventre qui se soulèvent et qui s'abaissent. Installez-vous progressivement dans le silence et l'écoute subtile. Entrez dans la sobriété et l'intériorité qui ouvrent des espaces précieux de ressenti, de vision et d'écoute intérieure.

Dans cette qualité de présence à vous-même, amenez votre attention vers votre bassin osseux. Ressentez, voyez, imaginez l'ancrage qu'il vous offre.

Imaginez maintenant votre périnée qui regarde la terre et la terre qui le regarde, intensément, amoureusement. Dans cette image, vous ressentez votre ancrage, qui se fait plus intense. Imaginez votre bassin comme un calice qui contient et protège le précieux de votre ventre et de votre intime. Souriez à votre bassin protecteur et soutenant. Imaginez ou visualisez qu'à ce sourire intérieur il est baigné de lumière. Cette lumière en même temps que votre sourire gagne petit à petit tout votre ventre et votre petit bassin. Votre utérus, vos ovaires, vos trompes, votre vagin, votre périnée sont baignés de lumière. Reliez-vous intimement de l'intérieur et souriez-leur.

Imaginez maintenant que cette force lumineuse et cette douceur montent en dedans de vous et se mettent en lien avec votre cœur. Invitez l'or de votre cœur à se mélanger en spirale à la lumière de votre ventre. Respirez un moment dans cette conscience.

Puis invitez maintenant la lumière dorée à monter jusqu'à l'étoile de votre conscience, au centre de votre tête, et à ouvrir votre vision subtile, votre écoute fine. Imaginez que cet alignement se prolonge jusqu'à vos antennes du ciel depuis la terre dans votre axe ventre-cœur-conscience. Respirez un moment dans cet alignement. Ressentez-le ou visualisez-le. Laissez-vous gagner par cette ouverture, cette clarté, pendant un moment. Restez là un moment.

Délicatement maintenant, posez vos mains sur le bas de votre ventre ou bien une main sur le bas de votre ventre et une entre vos jambes, sur votre périnée. À ce moment de la méditation, n'hésitez pas à vous allonger si vous le souhaitez ou si vous en ressentez le besoin. Ouvrez-vous à une écoute plus fine encore. Invitez le ressenti de votre vagin comme si vous vous approchiez tout doucement de lui avec une infinie délicatesse et un immense respect. Respirez là, avec votre vagin, et demandez-lui s'il accepterait de communiquer avec vous aujourd'hui, maintenant, ou pas. Écoutez sa réponse et respectez-la. Si c'est un

« oui » clair ou un sourire, ou une ouverture ou une image qui vous évoque une réponse positive, poursuivez la méditation. Si c'est un « non », remerciez-le et venez à sa rencontre une autre fois. Et si ce n'est pas « oui » ou pas un « oui » clair, c'est que c'est « non ».

Si vous avez ressenti un oui, ou un sourire, ou une ouverture, ou une image qui vous fait penser à une réponse positive, demandez à votre vagin de vous montrer une couleur, la couleur qui lui ferait du bien ou dont il aurait envie aujourd'hui. Demandez-lui de vous la montrer ou de vous la faire ressentir, ou de vous montrer une image évocatrice. Et, surtout, laissez de côté tout ce que vous savez, voulez ou pensez. Faites confiance à votre vagin. Il est extrêmement sensible et intelligent, de cette intelligence dite « intracorporelle », qui n'a rien à voir avec ce que l'on sait ou que l'on comprend avec son mental. Ouvrez-vous plus encore, accueillez dans la sensation qui est la vôtre. Demandez-lui une couleur ou un mot, une sensation, une image, pour que vous puissiez choisir l'œuf qui lui convient aujourd'hui ou bien qui conviendrait si vous souhaitez faire une acquisition. Écoutez et souriez dans cette disponibilité et cette qualité de présence qui sont les vôtres. Acceptez d'être surprise peut-être. Acceptez aussi que votre vagin puisse vous dire que ce n'est pas le moment pour lui d'accueillir un œuf. Tout est possible. Je vous invite à vous engager avec vous-même, à respecter son message. Offrez-vous le temps et les égards dont vous avez envie, dont vous avez besoin. Si vous ne le faites pas, qui le fera ?

Dans ce contact intime avec vous-même, remerciez votre vagin, tout l'espace de votre intime, votre grotte, vos terres intérieures si riches. Remerciez-vous de ce temps et cette reliance que vous vous êtes offerts.

Préparez-vous maintenant à sortir progressivement de l'état méditatif.

Amenez de nouveau votre attention vers le va-et-vient de votre respiration puis, vers la sensation de l'air qui entre par vos narines et qui en ressort. Ressentez le poids de votre corps sur votre siège ou sur votre couchage. Inspirez lentement et profondément et, lors de l'expiration, commencez à bouger un peu vos doigts de mains et de pieds. Inspirez de nouveau et, lorsque vous soufflez, bougez vos jambes, vos bras, vos épaules mollement. Et puis, au moment de votre choix, et sans vous presser, battez des paupières pour ouvrir vos yeux. Offrez-vous le temps, puis écrivez un mot ou deux, ou une courte phrase du message de votre vagin. Puis sortez de la méditation. Bougez, bâillez, respirez plus vivement. Relisez ce que vous avez écrit. Complétez-le si nécessaire.

Belles explorations avec votre œuf…

Méditation n° 2 : pour l'accueil de l'œuf

Vous pouvez aussi écouter cette méditation en allant à cette adresse : bit.ly/accueiloeufPeggy.

Bienvenue dans la méditation du rituel d'accueil de l'œuf dans votre palais des plaisirs.

Avant de commencer cette méditation, je vous encourage à danser (habillée ou nue) sur une musique que vous aimez. Sentez-vous libre de vos mouvements, ressentez la douceur de votre peau contre votre peau, l'air qui caresse votre corps… Entrez dans le sol, puis envolez-vous vers le ciel…

Que vous offre votre corps aujourd'hui ?

Si vous ne vous sentez pas encore suffisamment à l'aise pour la danse, faites au moins une trentaine de cercles avec votre bassin dans un sens puis dans l'autre. Amusez-vous à faire des huit avec vos hanches comme si vous étiez une belle danseuse orientale.

Quelle femme êtes-vous aujourd'hui ? Femme sauvage, femme enfant, femme contemplative, femme enthousiaste, femme magnétique… ? Observez votre énergie…

Pour ce rituel, mettez une robe ample, une nuisette, ou mettez-vous nue, en fonction de ce qui est confortable pour vous.

Vous pouvez allumer une bougie, de l'encens, diffuser une huile essentielle...

Pour ce rituel, j'aime beaucoup deux huiles essentielles. L'oliban, qui a ce pouvoir de vous connecter à un haut niveau vibratoire. Ou bien vous pouvez choisir de déposer une goutte d'huile essentielle de rose de Damas entre vos seins pour activer votre sensualité.

Installez-vous tranquillement, couchée, dans un lieu calme et agréable où vous ne serez pas dérangée pendant les vingt prochaines minutes. Couvrez-vous d'un châle ou d'une couverture pour avoir chaud et vous sentir enveloppée et en sécurité.

Votre œuf peut se trouver à côté de vous ou sur vous, entre vos seins, ou au niveau de votre nombril, par exemple. Il est intéressant d'être déjà en connexion avec son œuf avant de pratiquer ce rituel (dormir avec, l'avoir dans son sac ou dans sa poche...).

Au cours de cette méditation, je vais vous guider, vous accompagner pour accueillir l'œuf dans votre palais des plaisirs. C'est un moment délicat, délicieux et doux, rempli de bienveillance et d'amour pour vous-même.

Parfois, votre Yoni est impatiente d'accueillir l'œuf en son sein. Parfois, votre Yoni n'est pas disposée à l'accueillir. Tout est parfait. Écoutez-vous.

Ici, c'est le chemin que nous allons faire ensemble qui est important, pas le but final d'introduire ou non l'œuf dans votre grotte sacrée.

Une fois bien installée, respirez lentement et profondément, fermez les yeux. Laissez-vous porter par la musique et commencez à vous détendre (PRENDRE UN TEMPS ASSEZ LONG).

Puis venez déposer une intention toute particulière pour cette méditation.

Votre intention peut être :

- De vous sentir connectée à votre corps et à vos sensations.
- D'aimer et d'apprécier votre corps tel qu'il est.
- D'activer l'énergie sexuelle dans votre corps.
- D'accueillir avec respect et amour votre œuf dans votre Yoni.
- D'accueillir l'œuf avec joie et simplicité dans votre palais des délices.

Une fois que vous avez posé votre intention, vous pouvez la dire trois fois à haute voix de manière intelligible.

Très bien !

Au cours de ce rituel, je vous emmène dans un beau voyage d'exploration où vous osez prendre contact avec chacune des parties de votre corps et libérer l'énergie sexuelle qui sommeille en vous. Douceur, finesse, sensualité et doigté seront les maîtres mots de ce rituel.

Laissez-vous guider... Laissez-vous surprendre... Laissez-vous bercer...

Observez votre respiration sans la juger, sans la changer. Observez les parties de votre corps qui bougent en même temps que votre respiration, votre cage thoracique, vos épaules, votre ventre, votre dos... Soyez attentif à chacun de vos mouvements.

Apportez vos mains paume contre paume et frottez-les l'une contre l'autre doucement pour bien sentir le contact. Puis, lorsque vous commencez à sentir de la chaleur, déposez délicatement vos mains sur votre visage. Dans un premier temps, effectuez quelques pressions moelleuses de vos mains sur votre visage. Puis, petit à petit, faites des mouvements plus légers, comme des caresses. Prenez un temps tout particulier pour toucher vos lèvres. Comment sont-elles ? Humides, sèches, charnues, fines, douces... ?

Puis partez à la découverte de votre crâne, touchez vos cheveux, ressentez leur soyeux, évaluez leur longueur, jouez avec eux en enroulant vos doigts...

Descendez tranquillement vos mains le long de vos oreilles, de votre cou. Touchez avec finesse et tact votre cou, vos épaules et le haut de votre dos.

En fonction de vos envies, variez la pression, le rythme, la vitesse avec lesquels vous touchez votre corps.

Vos mains petit à petit sont attirées par vos bras. Caressez-les. Prenez-vous dans vos bras. Enlacez-vous. Comme c'est doux, apportez-vous de l'amour. Cajolez-vous. Prenez soin de vous.

À présent, remontez le long de vos bras et accédez à vos seins. Touchez-les du bout des doigts comme si c'était la première fois que vous les découvriez. Effleurez avec la pulpe de vos doigts le bout de vos seins, vos mamelons, l'ensemble de vos seins. Ressentez les différentes textures. Laissez pointer vos seins.

Lorsque vous en aurez envie, accueillez vos seins dans le creux de vos mains. Faites des mouvements circulaires pour les masser, dans un sens puis dans l'autre. C'est une sensation extraordinaire de plaisir, de joie et de montée en énergie. Appréciez ce moment voluptueux.

Dès que vous en aurez envie, descendez vers votre ventre. Dans un premier temps, posez juste vos deux mains sur votre ventre. Apportez de la chaleur. Petit à petit osez le toucher et trouvez-le harmonieux. Votre ventre porte votre élan de vie, votre créativité, envoyez-lui un mot tendre. Caressez-le, massez-le, apportez-lui de l'amour. Finissez par un toucher léger.

Puis posez vos mains sur votre dos, apportez une attention toute particulière à votre colonne vertébrale. Elle est une des zones de passage très importantes de votre énergie vitale. Lorsque vous la touchez, imaginez le passage d'un tube de lumière blanche où l'énergie monte de votre bassin vers votre crâne.

À présent, venez caresser vos fesses. Osez les prendre à pleines mains comme le ferait un amant ardent. Appréciez le moelleux, le fondant de vos fesses. Rendez-vous compte qu'elles sont parfaites et super confortables.

Frôlez l'arrière et le devant de vos cuisses.

Restez un peu plus longtemps à caresser l'intérieur de vos cuisses. Sentez la finesse et la sensibilité de cette partie de votre corps. Je vous invite à faire un mouvement doux qui parte de votre sexe vers vos genoux.

Puis touchez vos genoux, vos mollets, jusqu'au-dessus et au-dessous de vos pieds.

Lorsque vous aurez fini d'explorer ces parties de votre corps, pliez les jambes en amenant vos pieds vers vos fesses et posez une main sur votre sexe (ou sur le bas de votre ventre) et une autre sur votre poitrine.

Sentez l'amour immense présent dans votre cœur.

Inspirez, ouvrez votre cœur, et expirez profondément.

Une nouvelle fois inspirez, ouvrez votre cœur, et expirez profondément.

Imaginez que votre corps est rempli d'énergie. Elle circule comme bon lui semble, comme des points scintillants.

Imaginez que votre cœur envoie, en passant par le ventre, un message d'amour vers votre sexe.

Vous créez une belle connexion cœur-sexe.

Après avoir reçu ce message, votre sexe envoie un message de vie et de joie à votre cœur en passant par votre colonne vertébrale.

Vous créez une jolie connexion sexe-cœur.

Une nouvelle fois votre cœur envoie, en passant par le ventre, un message d'amour vers votre sexe. Après avoir reçu ce message, votre sexe envoie un message de vie et de joie à votre cœur en passant par votre colonne vertébrale.

Ressentez le lien et l'alchimie entre les deux.

Faites cet échange autant de fois que vous en avez envie.

Profitez de ce moment…

Maintenant, activez l'énergie vitale dans votre corps.

Faites de tout petits mouvements de balancier d'avant en arrière avec votre bassin. Ces mouvements sont à peine visibles depuis l'extérieur.

Puis, naturellement, ce mouvement d'avant en arrière sera complété d'un mouvement en forme de huit. Comme si vous étiez à cheval.

Ressentez cette légèreté, cette lenteur… Ressentez cette douce et lente montée d'énergie, vous commencez à vous sentir remplie au niveau de votre ventre et de votre sexe.

Continuez.

Restez toujours bien présente à votre corps et à vos ressentis.

Si vous avez l'habitude de faire cette pratique, vous pouvez aller plus loin : inspirez, contractez calmement le périnée, continuez le mouvement de balancier et faites monter l'énergie dans votre corps.
Expirez, relâchez toute cette énergie dans votre corps. Apportez une attention toute particulière lorsque vous libérez cette énergie.

Inspirez, contractez en douceur le périnée, continuez le mouvement de balancier, et faites monter l'énergie dans votre corps.

Expirez, relâchez toute cette énergie dans votre corps. Apportez de l'attention à votre sexe.

Inspirez… Petit à petit, le mouvement de balancier remonte de votre bassin vers le milieu du dos. Le mouvement est toujours très léger. Ici, utilisez la souplesse de votre colonne vertébrale pour donner un mouvement harmonieux. Le mouvement de votre colonne est comme le mouvement d'un serpent.

Expirez, libérez l'énergie dans tout votre corps, restez toujours connectée à votre Yoni.

Inspirez, faites monter l'énergie grâce au mouvement du serpent.

Expirez, libérez l'énergie.

Utilisez toute l'amplitude et la longueur de votre colonne vertébrale pour faire monter l'énergie.

Inspirez, faites monter l'énergie grâce au mouvement du serpent.

Expirez, libérez l'énergie.

Le désir peut être présent ? L'élan d'action peut se réveiller ? Observez vos envies, vos besoins…

Lorsque ce sera bon et juste pour vous, arrêtez le mouvement de balancier.

Inspirez et expirez.

Observez votre corps, juste en conscience. Notez vos sensations, vos émotions...

À présent, avec vos doigts, venez toucher votre sexe. Votre sexe est un lieu sacré, c'est ici l'origine du monde, c'est ici que la vie prend forme.

Respectez-vous, écoutez-vous.

Commencez par le toucher doucement avec attention. Identifiez vos grandes lèvres et vos petites lèvres. Prenez le temps de sentir leur texture, leurs contours, leurs replis. Appréciez la beauté de votre vulve.

Touchez votre gland clitoridien, comme si c'était la première fois, découvrez-le, jouez avec. Restez autant de temps que nécessaire.

Puis descendez le long de l'urètre et abordez l'entrée de votre vagin. Si vous en avez envie, glissez très lentement un doigt et sentez la chaleur de votre intérieur.

Détendez-vous, respirez calmement. Quelles sont vos sensations ? Ressentez les stries du point G sur la paroi vaginale, elles sont souvent petites et délicates. C'est une partie plus dure que les autres. En enfonçant un peu plus votre doigt, vous pouvez toucher la queue de votre point G.

Puis explorez les autres parties de votre vagin, les textures sont plus ou moins moelleuses et molles, cotonneuses également, prenez conscience de l'immensité de votre vagin.

Si vous avez envie de vous offrir un plaisir solitaire, profitez-en. C'est votre moment.

Orgasme clitoridien intense et précis, orgasme vaginal profond et diffus.

Ou bien laissez-vous aller à un moment d'extase en diffusant l'énergie présente dans votre sexe vers l'ensemble de votre corps. Caressez-vous. Avec vos mains, partez de votre sexe pour les remonter vers votre poitrine. Faites cette remontée plusieurs fois et profitez de ces sublimes sensations.

Inspirez et expirez profondément.

Venez observer l'entrée de votre vagin. Vous allez probablement le sentir palpiter, faire un mouvement de va-et-vient, comme s'il appelait l'œuf. Il est prêt à « gober » l'œuf.

Prenez alors l'œuf dans votre main, réchauffez-le, faites-le glisser sur votre corps pour rejoindre votre sexe. Présentez l'œuf à l'entrée de votre vagin. Écoutez le dialogue entre votre vagin et l'œuf. Parfois, votre vagin accueille rapidement l'œuf, parfois c'est un peu plus long. Dans tous les cas, ne forcez pas, attendez avec patience. Respirez tranquillement, envoyez de l'amour de votre cœur vers votre sexe.

Prenez le temps dont vous avez besoin.

Inspirez et expirez calmement.

Lorsque l'œuf est à l'intérieur de votre grotte sacrée, prenez un moment pour ressentir et observer ce qui se passe dans votre corps. Quelles sont les sensations ? Quels sont les messages que votre corps vous envoie ? Comment vous sentez-vous ?

Par la respiration, amenez de la chaleur, de l'énergie, de la vitalité. Illuminez et remplissez votre corps de sérénité, d'amour et de joie. Inondez-le d'une couleur blanche et lumineuse.

Quand vous serez prête à reprendre une activité normale, étirez-vous, bâillez, et revenez dans notre monde.

Soyez attentive à vos corps physique et éthérique, à vos émotions ainsi qu'à votre mental. L'œuf agit lorsque vous le portez, mais également après.

Belle découverte !

Méditation n° 3 : pour se guérir d'un avortement

Il y a quelques années, j'ai découvert, lors de ma première constellation familiale[5], les impacts méconnus et sous-estimés qu'un avortement a sur la femme, le père de l'enfant avorté ainsi que sur ses futurs enfants. Je ne suis ni pour ni contre l'avortement. Selon moi, chacun fait de son mieux à l'instant T en fonction des informations et des données auxquelles il a accès pour prendre une décision.

En revanche, il est important pour moi de parler dans ce livre de ce sujet difficile, douloureux et encore tabou dans notre société. En France, officiellement, 1 femme sur 3 a recours à l'IVG au moins une fois dans sa vie[6].

L'avortement n'est pas un acte anodin. Il a des répercussions sur les quatre plans de conscience : le mental, l'émotionnel, le corps et le spirituel. Inconsciemment, ce traumatisme reste ancré dans le corps, et plus précisément dans l'utérus. Suite à l'avortement, l'énergie vitale a du mal à circuler. Les femmes peuvent alors avoir du mal à se sentir pleinement elles-mêmes. Elles se sentent bloquées, elles procrastinent, elles perdent confiance en elles, elles vivent des relations non satisfaisantes avec les hommes, elles rêvent leur vie plutôt que de la vivre vraiment...

Il m'a fallu du temps et de nombreux contacts avant de rencontrer la bonne personne avec qui aborder ce sujet. Marie Sahuguede est sophrologue spécialisée dans l'avortement. Elle a avorté trois fois.

---

5. La méthode des constellations familiales est basée sur la mise en lumière de l'inconscient familial par le biais de jeux de rôles. Le but est de se sentir plus libre dans sa vie.
6. Statistiques de l'INED (Institut national d'études démographiques).

Malgré un travail au niveau mental, physique et émotionnel, elle ressentait comme une chape de plomb sur ses épaules, un poids énorme sur son corps. Elle avait perdu sa légèreté et son entrain. Elle ne comprenait pas ce qui se passait, jusqu'au jour où elle a découvert que la clé se trouvait au niveau énergétique.

Quel que soit le temps écoulé entre l'avortement et aujourd'hui, il est important de prendre conscience de ses conséquences énergétiques et de s'en libérer. En osant vous reconnecter à ce moment de votre vie, vous effectuez un acte de courage et d'amour pour vous-même. Vous vous libérez de la culpabilité et remettez de la vie et de la joie dans votre corps.

Marie a créé une médiation énergétique spécifique qui utilise l'œuf de Yoni en soutien. Cette méditation vous apporte du calme et de la paix au niveau de votre Yoni, et tout particulièrement au niveau de votre utérus, ainsi qu'une activation de l'énergie vitale.

Vous pouvez aussi écouter cette méditation en allant à cette adresse : https://cursus.academie-developpement-personnel.com/livre-a-la-decouverte-oeuf-de-yoni.

Bienvenue dans cette méditation.

Je vous propose de laisser aller le passé et de vous permettre de vous libérer de votre avortement grâce à votre intention, mais aussi à l'aide de votre œuf de Yoni.

Pour cela, allumez une bougie et choisissez l'œuf qui vous convient dans ce moment, laissez aller vos pensées et faites-vous confiance.

Une fois que vous avez choisi votre œuf, je vous propose de le toucher, de le regarder, de le sentir, et même de lui parler si vous le souhaitez. Commencez à sentir son énergie, votre connexion, sentez qu'il vous a choisie et que vous l'avez choisi.

Lorsque vous serez prête, allongez-vous confortablement pour vous connecter pleinement à vous-même. Posez votre œuf sur votre ventre, sentez les mouvements de respiration de votre ventre sous votre œuf. Posez simplement un regard bienveillant sur les mouvements de votre corps.

Puis connectez-vous à votre utérus, connectez votre cœur à votre utérus. Prenez votre temps. Lorsque vous le souhaitez, présentez votre œuf à votre vagin, et écoutez-vous, écoutez votre œuf...

Sentez votre œuf entrer dans votre Yoni. Respirez de façon ample et sereinement.

Puis posez votre regard dans votre utérus. Demandez-lui de vous aider, de vous apporter sa douceur, son énergie.

Lorsque vous vous sentirez prête, placez l'intention de vous libérer, de faire sortir ce qui ne doit plus faire partie de vous maintenant. Pour cela, grâce au souffle de votre expiration, faites s'écouler cette énergie le long de votre utérus, le long de votre vagin. Vous pouvez imaginer une multitude de paillettes, qui sortent, là, maintenant de votre vagin.

Vous pouvez si vous le souhaitez parler à voix haute à cette petite énergie, lui exprimer ce que vous ressentez au plus profond de vous. Peut-être pouvez-vous lui demander pardon, lui exprimer que vous avez fait comme vous avez pu, que c'était à ce moment-là la meilleure des décisions, le meilleur choix que vous pouviez faire pour vous.

Vous pouvez lui exprimer qu'il est temps maintenant de continuer chacun sur son chemin, que cette petite énergie restera toujours dans votre cœur, dans vos pensées, mais que le temps est venu de tourner la page.

Laissez votre œuf nettoyer, libérer votre utérus, vous aider à vous libérer.

Laissez votre cœur ouvrir la porte de la bienveillance et de l'amour pour vous, osez vous libérer.

Vous pouvez plusieurs fois, sur le cycle de la respiration, nettoyer votre utérus grâce à votre expiration et visualiser ces paillettes sortir de votre vagin.

Prenez le temps nécessaire, prenez ce temps pour vous, pour vous apporter soutien et bonheur.

Si votre œuf préfère rester dans votre Yoni, laissez-le, remerciez-le pour le soin qu'il fait pour vous. Si votre œuf décide de ressortir, remerciez-le. Votre œuf vous a apporté toute l'énergie et la douceur nécessaires et suffisantes pour vous libérer.

À cet instant, apportez-vous de l'amour, de la joie. Remerciez-vous en ce si beau jour, remerciez-vous du cadeau que vous venez de vous faire.

Puis, doucement, lorsque vous vous sentirez prête, revenez à vous ici, maintenant, dans votre posture. Prenez quelques respirations profondes, douces, remuez tout en douceur votre corps et ouvrez les yeux…

Très belle journée.

CHAPITRE 6

LES EXERCICES POUR TONIFIER SON PÉRINÉE ET ACTIVER SA PUISSANCE FÉMININE

Exercice n° 1 : la respiration en pleine conscience

En position assise ou allongée, laissez-vous aller, et concentrez-vous sur votre respiration : sentez l'air qui entre dans votre corps, puis l'air qui en ressort…

Cet exercice se réalise simplement. Pas besoin de modifier votre respiration, son rythme ou son intensité, ni même de compter vos respirations. La respiration réalisée consciemment peut être un moyen puissant pour faire circuler et cultiver l'énergie. Elle va vous permettre de calmer votre mental et de trouver le calme, la sérénité et une belle connexion avec votre corps. Le stress s'en va petit à petit. Que c'est bon ! C'est simple, et pourtant c'est une clé essentielle à retenir et à mettre en place dans votre quotidien : plus vous respirez et plus vous avez conscience de votre corps et de votre puissance. Tout s'active de façon subtile.

L'ASTUCE EN +

Pour vous aider dans la réalisation de cet exercice, vous pouvez taper « Cohérence cardiaque » dans votre moteur de recherche sur Internet et vous laisser guider par un tutoriel par exemple.

Exercice n° 2 :
la visualisation du bol chaud

- Asseyez-vous confortablement avec les yeux fermés.
- Imaginez qu'un petit bol rempli d'huile chaude est niché dans votre bassin.
- Imaginez maintenant que vous avez une paille le long de votre colonne vertébrale.

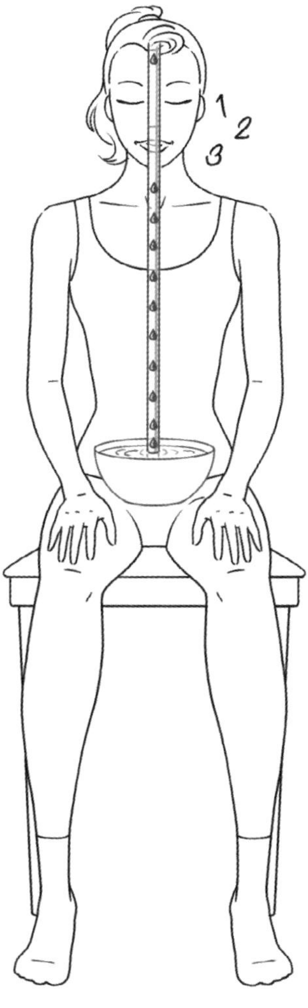

- En inspirant, imaginez que l'huile chaude remonte le long de votre colonne vertébrale. L'huile parcourt la paille en partant de votre bassin pour aller vers le sommet de votre crâne.
- Lorsque l'huile atteint votre tête, retenez votre respiration pendant 3 secondes (comptez dans votre tête : 1, 2, 3).
- En expirant, imaginez l'huile chaude descendre en passant par votre visage, votre poitrine, votre ventre, pour se vider dans le bol qui se trouve au niveau de votre bassin.
- Répétez le cycle 6 fois en créant une boucle en continu.

Cette pratique est un excellent moyen pour commencer à comprendre l'amplification de l'énergie sexuelle. Elle permet d'avoir de nombreuses sensations de plaisir et des orgasmes plus intenses, prolongés et de différents types.

LE CONSEIL EN +

Attention, si vous faites de l'hypertension, ne retenez pas votre respiration, passez directement à l'étape suivante.

Exercice n° 3 : la visualisation du périnée

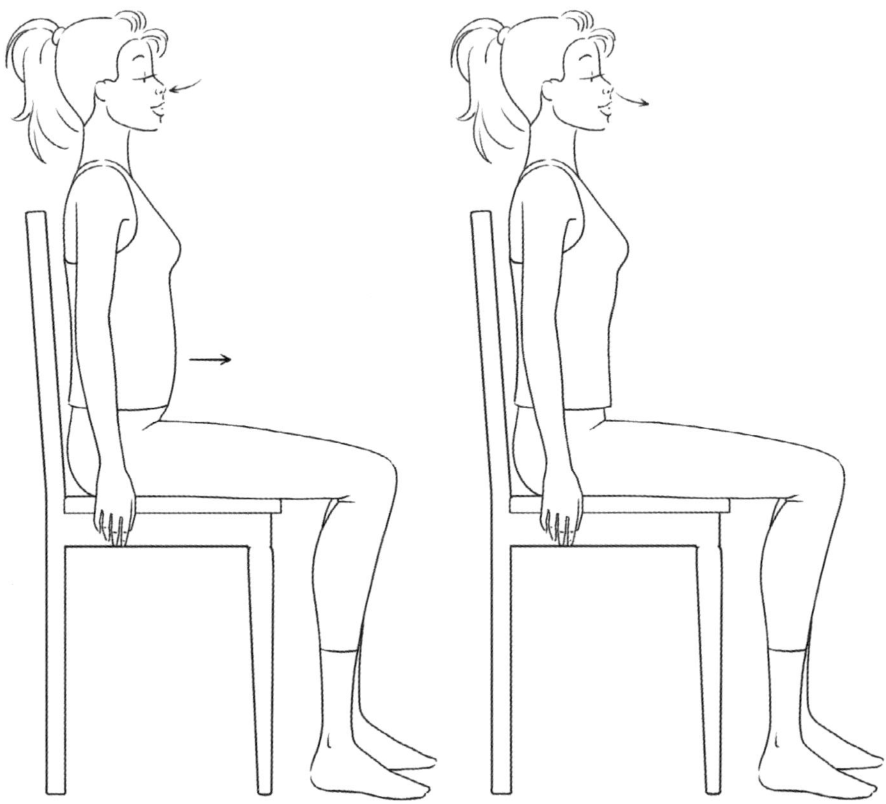

- Mettez-vous en position assise. Commencez par respirer profondément, avec le ventre. J'inspire, je gonfle le ventre ; j'expire, je le dégonfle.
- Contractez votre périnée en essayant de différencier les différentes zones (anus, sexe), puis relâchez. Faites-le une dizaine de fois au début.
- Visualisez votre vagin : à l'inspiration, il gobe l'œuf puis, le repousse à l'expiration, comme si vous vouliez le faire sortir (mais gardez-le en vous).
- Une fois que vous maîtrisez cet exercice, vous pouvez le faire avec votre œuf (*voir exercice n° 6*).

LES CONSEILS EN +

- Si vous vous sentez mal à l'aise en position assise (notamment si vous avez du mal à gonfler le ventre), faites cet exercice en position allongée.
- Si votre œuf a une ficelle, mettez-vous devant un miroir, et observez la ficelle monter et descendre. Si votre œuf n'a pas de ficelle, mettez un doigt dans votre vagin : ainsi vous sentirez l'œuf toucher votre doigt puis s'en éloigner.
- Une fois que vous avez effectué plusieurs fois ces exercices seule, vous pouvez demander à votre partenaire de les faire avec vous. Faites ensemble le test du périnée : demandez-lui de mettre un doigt dans votre vagin puis de vous dire ce qu'il ressent quand vous serrez, aspirez, expulsez.

Exercice n° 4 : la montée d'énergie

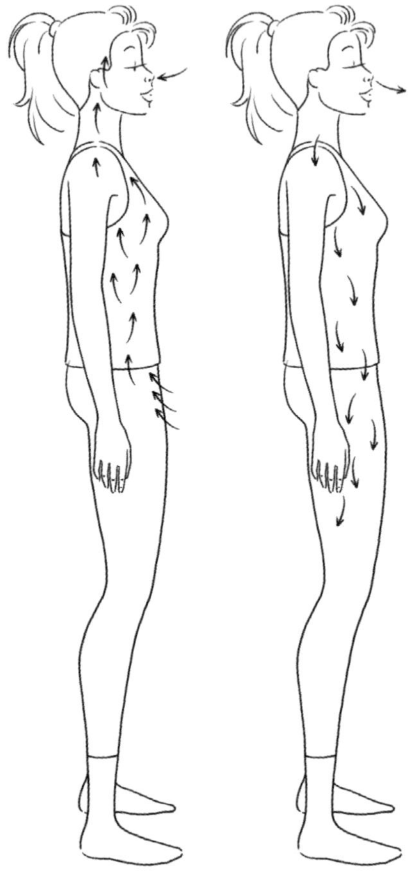

- Asseyez-vous sur une chaise ou un canapé, dans la position que vous souhaitez (en tailleur, jambes allongées...). Avec un peu d'entraînement, vous pouvez faire cet exercice debout.
- Fermez les yeux. Connectez-vous à votre bassin et à votre respiration. Inspirez en gonflant le ventre, expirez en le relâchant. Faites 10 cycles d'inspiration/expiration.
- Ajoutez ensuite le travail avec le périnée. À l'inspiration, contractez votre périnée, aspirez l'énergie de la terre et faites-la monter dans votre corps. À l'expiration, relâchez votre périnée et diffusez lentement toute cette énergie dans votre corps. Faites 10 cycles d'inspiration/expiration.

LES CONSEILS EN +

- Cet exercice ne vous semblera pas évident au début car vous devez vous concentrer en même temps sur votre respiration et votre périnée. Mais vous allez petit à petit réussir à coordonner les deux.

- Si vous ne parvenez pas à contracter le périnée pendant 10 secondes, ce n'est pas grave. Le but est de faire cet exercice à votre rythme, et dans le respect de votre corps. Petit à petit, au fil de la pratique, vous pourrez tenir la contraction plus longtemps, et cette zone du corps sera plus tonique.
- Essayez de faire cet exercice tous les jours pendant 2 semaines environ : votre périnée sera de plus en plus tonique.
- Une fois que vous maîtriserez bien cet exercice, vous pourrez le faire avec l'œuf.

Exercice n° 5 :
le massage des seins

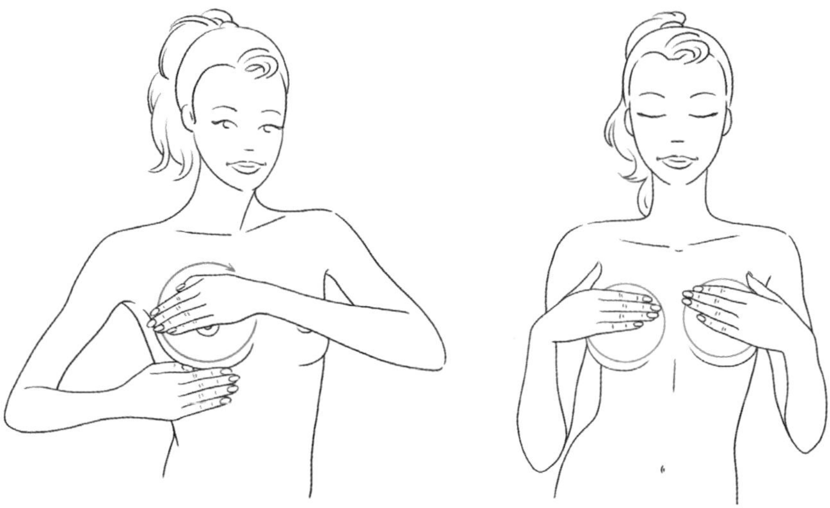

- Debout, avec votre œuf en vous, frottez vos mains l'une contre l'autre puis massez vos seins en cercle 36 fois dans le sens des aiguilles d'une montre, puis 36 fois dans l'autre sens.

- Sentez la chaleur de vos mains sur vos seins. Visualisez cette chaleur dans votre cœur, puis visualisez-la en train de descendre dans vos ovaires, votre utérus, votre vagin, votre sexe... Sentez l'énergie se répandre dans tout votre corps.

Exercice n° 6 : le massage du vagin

- Debout, jambes un peu écartées, avec votre œuf en vous. Inspirez en aspirant doucement l'œuf vers le fond de votre vagin, en direction de votre utérus. Retenez votre respiration pendant 2 à 3 secondes (rétention), puis expirez en le poussant vers le bas, comme pour l'expulser.
- Recommencez : aspirez en faisant monter l'œuf vers le fond de votre vagin, retenez votre souffle puis relâchez.

LE CONSEIL EN +

Attention, si vous faites de l'hypertension, ne faites pas la rétention, et passez directement à l'expiration.

PARTIE 3

Abécédaire des pierres et leurs bienfaits

L'AMÉTHYSTE

Bien-être, harmonie, sagesse, calme, sérénité, plénitude, confiance en soi, protection, spiritualité.

Liée au 7e chakra, ou chakra couronne (Sahasrâra), elle aide à ressentir la plénitude du vide qui est en vous, à comprendre l'importance de votre place et de votre but sur la toile de fond de l'Univers.

Voir les explications sur les chakras p. 185-191.

Son aspect

L'améthyste est un quartz violet (sa teinte lui est apportée par le fer), composé de grands cristaux. Elle peut présenter une nuance rose-mauve/violette plus ou moins foncée.

Notez qu'il existe aussi une améthyste foncée, également appelée « améthyste d'encre ».

Son histoire

En raison de sa beauté mystique et de sa rareté, cette pierre était autrefois destinée aux élites. Symbole de sagesse, de sobriété, de tempérance, mais aussi de pouvoir psychique et de spiritualité, elle est associée au Mystère et au Pouvoir sacré.

Elle forme le douzième soubassement des murs de la Jérusalem mythique de l'Apocalypse selon saint Jean.

Ses bienfaits

- Elle apporte de l'harmonie dans sa vie personnelle et dans sa vie de couple.
- Elle donne de l'assurance.
- Elle apporte de la clarté d'esprit et facilite la concentration.
- Elle stimule l'imagination et la créativité.
- Elle développe le potentiel intuitif et spirituel.
- Elle favorise les apprentissages et la méditation.
- Elle favorise la sérénité, la détente et la paix.

Purification/rechargement

Elle se recharge dans de l'eau distillée salée, sur un amas de quartz ou une géode d'améthyste.

Elle a besoin de peu de soleil : tôt le matin de préférence, à raison d'une heure environ.

Il est important de ne pas exposer de l'améthyste au soleil vif ou à la pleine lune car elle risque de perdre de sa couleur.

L'AVENTURINE BLEUE

Tranquillité intérieure, calme, sérénité, confiance, concentration, spiritualité, intuition, sommeil.

Liée aux 3 premiers chakras – chakra racine (Mûlâdhâra), chakra sacré (Svâdhistâna) et chakra du plexus solaire (Manipura) –, elle vous enracine dans le présent et vous apporte la confiance en l'expression spontanée de vos émotions.

Voir les explications sur les chakras p. 185-191.

Son aspect

Cette pierre est d'un bleu profond et lumineux, parfois violacé.

Son histoire

Les indigènes du continent africain pensaient que l'aventurine bleue était de l'eau devenue pierre. En effet, cette pierre se trouve toujours à proximité de zones riches en nappes phréatiques.

Ses bienfaits

- C'est la pierre de la détente, de la confiance et de la relation positive à la Vie.
- C'est une pierre rassurante et maternelle.
- Elle représente le lien entre l'âme et la matière.
- Elle permet la stabilité, la patience, et une bonne connaissance de soi-même.
- Elle aide à canaliser notre pensée et permet d'avoir une bonne concentration.
- Elle favorise l'intuition et permet de se stabiliser sur les chemins de sa destinée.

Purification/rechargement

Elle se recharge dans de l'eau distillée salée, sur un amas de quartz ou une géode d'améthyste.

Elle peut être exposée aux rayons du soleil du matin (avec une grande modération) et aux rayons lunaires.

L'AVENTURINE VERTE

Introspection, sérénité, créativité, confiance en soi, calme.

Liée au 4e chakra ou chakra du cœur (Anâhata), elle apporte une légèreté dans votre être qui vient de la connaissance de vous-même et du respect de vos limites face à vos besoins et aux problèmes des autres.

Voir les explications sur les chakras p. 185-191.

Son aspect

Elle contient une multitude de paillettes de fuchsite qui donnent ce reflet typique et la différencient du jade. Elle prend des couleurs allant du vert clair au vert foncé, tirant parfois sur le marron clair.

Son histoire

Elle fut traditionnellement utilisée comme pierre porte-bonheur ou comme talisman, dans de nombreuses cultures où on lui accorde une richesse spirituelle : en Chine, en Inde, au Tibet, ou encore dans les pays celtes (où elle est un symbole d'initiation spirituelle).

Ses bienfaits

- Pierre de l'introspection, elle aide à faire des choix judicieux et aiguise la perception.
- Elle équilibre les énergies du cœur et les énergies masculines (yang) et féminines (yin).
- C'est la pierre du cœur et de la confiance en soi.
- Elle encourage à aller de l'avant.
- Elle accroît la créativité.
- Elle aide à aller vers les autres avec confiance.
- Elle rend patient et calme les colères.
- Elle est apaisante et réduit le stress.

Purification/rechargement

Elle se recharge dans de l'eau distillée salée, sur un amas de quartz ou une géode d'améthyste.

Elle peut être exposée aux rayons solaires et lunaires.

L'HOWLITE

Expression, émotions, équilibre, mémoire, discernement, vigilance, responsabilités, autonomie, peurs.

Liée au 2e chakra ou chakra sacré (Svâdhistâna), elle apporte la confiance en l'expression spontanée de ses émotions. Elle est aussi liée au 3e chakra du plexus solaire (Manipura), centre énergétique qui régule les émotions.

Voir les explications sur les chakras p. 185-191.

Son aspect

Cette pierre presque incolore affiche une teinte variant entre le jaune pâle, le blanc et le vert pâle.

Son histoire

Cette pierre semi-précieuse a été découverte par le chimiste, minéralogiste et géologue Henry How (1828-1979), en 1868, dans une carrière de gypse à proximité de Windsor, au Canada.

Cette pierre naturelle est surtout connue pour ses ressemblances avec d'autres types de pierres, notamment la pierre turquoise.

Les Indiens d'Amérique l'utilisent comme une pierre chamanique lors des rituels, mais aussi pour se soigner. Les Amérindiens l'ont surnommée « pierre du bison blanc » ou « pierre sacrée du bison », car elle se fait aussi rare que le bison blanc dans le sud des États-Unis.

Ses bienfaits

- C'est une pierre stabilisante.
- Elle encourage l'expression des émotions avec amour et douceur.
- Elle permet de clarifier et d'établir une cohérence entre les sentiments.
- Elle renforce le sens de l'équilibre et la mémoire.
- Elle facilite la compréhension de soi-même avec discernement et vigilance.
- Elle donne le sens des responsabilités.

- Elle rend autonome et favorise le contrôle conscient de ses actes.
- Elle aide à dissiper toutes les peurs.

Purification/rechargement

Elle se recharge dans de l'eau non salée, en terre ou aux rayons du soleil. Vous pouvez aussi la poser sur un amas de quartz ou une géode d'améthyste.

LE JADE BLANC

Sagesse, harmonie, sérénité, intégrité, humilité, sécurité, paix, tempérance, lâcher-prise, intuition, méditation, rêves.

Lié au 4e chakra ou chakra du cœur (Anâhata), il développe les qualités de sagesse et de compassion et apporte la conscience de l'énergie qui est en vous.

Voir les explications sur les chakras p. 185-191.

Son aspect

Cette pierre est de couleur blanche, plus ou moins opaque.

Son histoire

De tout temps, le jade a été le symbole des dynasties impériales par excellence. C'est la pierre la plus vénérée de l'Orient... Dans la tradition chinoise, elle est considérée comme la pierre ayant toutes les propriétés. Les Chinois l'appellent *yu*, ce qui signifie « belle pierre ». Ils en firent l'un des symboles de leur civilisation, représentant l'amour et toutes les vertus.

Ses bienfaits

- C'est une pierre de sagesse, d'harmonie et de sérénité. Elle représente l'intégrité et l'humilité.
- Elle émet des vibrations de type masculin (principe yang).
- Elle véhicule des sentiments de justice, d'honnêteté, de tolérance, de tempérance, de paix et de sécurité.
- Elle aide à se débarrasser du sentiment de culpabilité, facilite le pardon et le lâcher-prise lors de ruminations mentales.
- Elle facilite également la régulation des conflits, les négociations, les médiations.
- Elle facilite la méditation, l'intuition, le rêve, et peut vous aider à travailler sur vos vies antérieures.
- Elle contribue à l'harmonisation et au déblocage de tous les centres énergétiques.

Purification/rechargement

Le jade blanc se recharge dans de l'eau salée, aux rayons solaires et lunaires, ou bien sur un amas de quartz ou une géode d'améthyste.

LE JASPE ROUGE

Vitalité, courage, confiance, joie de vivre, sécurité, épanouissement, enracinement.

Lié au 1er chakra ou chakra racine (Mûlâdhâra), il vous enracine dans le présent et favorise la prise de conscience de l'énergie qui se dirige et s'écoule en vous.

Voir les explications sur les chakras p. 185-191.

Son aspect

Le jaspe rouge est une variété de jaspe. Il est opaque, et sa teinte varie du rouge au rouge foncé. C'est une roche d'origine sédimentaire ou, parfois, volcanique.

Il existe autant de jaspes que de gisements présents sur tous les continents, car c'est un minerai de transformation qui accueille différents oxydes et qui se modifie selon son environnement. Cette pierre peut ainsi prendre des aspects multiples, offrant à l'œil toutes sortes de coloris différemment agencés selon les variétés.

Son histoire

Le mot « jaspe » vient de l'Orient : dans l'Antiquité, il signifiait « quartz ».

Cette pierre a été utilisée dans de nombreuses civilisations. Selon l'Apocalypse des Hébreux, le trône de Dieu était en jaspe. L'emblème de saint Pierre était en jaspe, et les Babyloniens utilisaient cette pierre pour appeler la pluie et avoir de bonnes récoltes. En Égypte ancienne, elle servait à se protéger de la sorcellerie.

Ses bienfaits

- C'est une pierre bénéfique pour les femmes, qu'elle réchauffe et encourage.
- C'est une bonne alliée pour avancer dans la vie de manière épanouie.
- Elle régule le système hormonal.

- Elle donne la force d'aller de l'avant et soutient dans les aléas de la vie quotidienne.
- Elle aide à avoir confiance en la vie et à vivre le moment présent sans crainte.
- Elle permet de mieux se centrer et de se relier à la terre.
- Elle redonne de la vitalité, agissant comme un booster d'énergie.
- Elle apaise les peurs et apporte un sentiment de sécurité.
- Elle rassure et aide à ne pas se décourager.
- Elle résout les problèmes émotionnels.
- Elle nettoie les énergies accumulées.

Purification/rechargement

Le jaspe rouge se recharge dans de l'eau salée, avec beaucoup de soleil, sur un amas de quartz ou une géode d'améthyste.

L'OBSIDIENNE NOIRE

Équilibre, bouclier de protection, vérité intérieure, peurs, méditation.

Liée au 1er chakra ou chakra racine (Mûlâdhâra), elle vous enracine dans le présent et favorise la prise de conscience de l'énergie qui se dirige et s'écoule en vous.

Voir les explications sur les chakras p. 185-191.

Son aspect

L'obsidienne n'est pas une pierre à proprement parler, mais une roche volcanique, une lave vitrifiée par l'effet du temps, un verre naturel.

Certains disent que son nom est dérivé de celui de son découvreur, le général Obsius, qui, dans l'Antiquité, ramena un fragment d'obsidienne d'Éthiopie à Rome. D'autres pensent que le mot est tiré du grec *opsianos*, qui signifie « vision, spectacle », l'obsidienne pouvant servir de miroir.

Son histoire

En Méso-Amérique (Amérique précolombienne s'étendant du nord du Mexique au Costa Rica), l'utilisation directe de ce verre naturel remonte à plus de 100 000 ans !

On relève des échanges commerciaux d'obsidienne dès 10 000 ans avant J.-C. (à l'emplacement de la Colombie-Britannique). L'étude des « routes de l'obsidienne » est riche d'enseignements pour les préhistoriens, cette pierre étant un véritable traceur archéométrique.

Ses bienfaits

- C'est une pierre d'équilibre et de protection.
- Elle accentue la sérénité.
- Elle crée un bouclier de protection.
- Elle aiguise notre vision interne, le miroir de l'âme.
- Elle dissout les blocages émotionnels et calme les peurs.
- Elle renforce et enracine nos valeurs personnelles et nos convictions.
- Elle accentue la richesse de l'intellect.
- Elle convient pour des séances de méditation, où elle nous révèle la vérité intérieure.
- Sur le plan physique, elle repousse les crampes et les douleurs articulaires.

ATTENTION !

C'est une pierre qui doit être manipulée avec prudence, car son utilisation peut s'avérer éprouvante. Son usage devra donc se faire dans le cadre d'un accompagnement.

Purification/rechargement

Aucune purification n'est nécessaire pour cette pierre, car elle repousse les énergies négatives et les forces du mal.

Pour se recharger, elle aime les grands amas de quartz, la lumière lunaire, surtout en pleine lune, celle du soleil et celle des flammes (elle vient du magma de notre Terre-Mère).

LE QUARTZ CRISTAL

Vitalité, guérison, idées nouvelles, clarté d'esprit, force intérieure, spiritualité, sensualité, sexualité, méditation.

Liée en priorité au 6e chakra (Ajnâ), le chakra de la gorge et du troisième œil, et au 7e chakra ou chakra couronne (Sahasrâra), elle ouvre et renforce tous les autres chakras.

Voir les explications sur les chakras p. 185-191.

Son aspect

Le quartz cristal, aussi appelé « quartz incolore » ou « cristal de roche », est une pierre incolore et hyaline (qui a la transparence du verre). Il est capable de décomposer la lumière dans toutes les nuances de l'arc-en-ciel.

Son histoire

De toutes les pierres de la lithothérapie, celle-ci est sans conteste la plus révérée. Ses pouvoirs de guérison, d'harmonisation et d'amplification sont utilisés depuis l'Antiquité. L'usage du cristal de roche pour ses vertus thérapeutiques et ésotériques est relaté dans nombre de textes anciens.

Ses bienfaits

- C'est la pierre la plus sacrée et la plus puissante. C'est un canal d'énergie.
- Elle ouvre et recharge l'esprit en idées nouvelles.
- Elle apporte énergie et clarté d'esprit.
- Elle enlève les blocages énergétiques et émotionnels.
- Elle maintient l'équilibre entre le corps et l'esprit.
- Elle rapproche de la sexualité spirituelle, sacrée et tantrique.
- La liaison entre cœur et sexe se faisant plus facilement, la sexualité devient une méditation spirituelle.

L'ASTUCE EN +

Le quartz cristal permet d'augmenter les vertus des autres pierres. Par exemple, en utilisant un petit œuf en quartz cristal avec un œuf en quartz rose, vous augmentez les qualités du quartz rose. Vous ressentez encore plus de douceur, de paix, de sérénité. À vous de jouer !

Purification/rechargement

Cette pierre se recharge dans de l'eau salée, beaucoup de soleil (levant), sur un amas de quartz ou une géode d'améthyste.

LE QUARTZ ROSE

Amour, sérénité, paix, énergie rassurante, confiance, sentiments, sommeil.

Il est lié au 4e chakra ou chakra du cœur (Anâhata), qu'il emplit d'amour.

Voir les explications sur les chakras p. 185-191.

Son aspect

Cette pierre, translucide le plus souvent, présente une splendide palette de coloris tendres et doux : rose pâle ou foncé, nuancés d'orangé, de pêche ou de lavande. Son aspect est souvent fissuré et son apparence plus ou moins trouble.

Grâce à ses tonalités fraîches et pastel, le quartz rose inspire depuis toujours l'apaisement et les tendres sentiments.

Son histoire

Le quartz rose est présent dans toutes les civilisations du monde : les premières traces de son utilisation apparaissent en Mésopotamie (Irak) et remontent à 7 000 avant J.-C.

La mythologie égyptienne semble avoir consacré cette pierre au culte d'Isis, déesse de la Jeunesse divine, sœur et épouse aimante d'Osiris. Les autres civilisations de l'Antiquité dédient aussi le quartz rose à la déesse de l'Amour. Cette déesse universelle porte des noms différents selon ses origines : Aphrodite en Grèce, Vénus à Rome, Astarté en Phénicie, Ishtar chez les Assyriens et Turan chez les Étrusques.

Ses bienfaits

- Cette pierre se définit depuis toujours comme la pierre du cœur, de l'amour et de la paix.
- Elle aligne notre conscience sur l'amour divin, la compassion, la tolérance et la gentillesse.

- Elle favorise le calme et la paix intérieure.
- Elle aplanit les difficultés relationnelles.
- Elle apaise les chagrins d'amour.
- Elle aide à surmonter la jalousie.
- Elle aide à attirer l'âme sœur.
- Elle aide à l'extériorisation des sentiments.
- Elle répare les blessures émotionnelles.
- Elle calme les états d'angoisse.
- Elle atténue le manque de confiance et redonne l'estime de soi.
- Elle aide à surmonter les manques affectifs de l'enfance et les traumatismes.
- Elle éloigne les cauchemars.

Purification/rechargement

Le quartz rose se recharge dans de l'eau salée, à la lune ou au soleil (sans rayons directs), sur un amas de quartz ou une géode d'améthyste.

LA RHODONITE

Équilibre, protection, réparation, calme, stress, courage, stimulation, confiance, sommeil, émotion, positivité.

Liée au 4ème chakra ou chakra du cœur (Anâhata), apporte une légèreté dans votre être qui vient de la connaissance de vous-même et du respect de vos limites face à vos besoins et aux problèmes d'autrui.

Son aspect

Sa couleur la plus répandue est le rose. Elle peut être également rouge brun, rouge.

Son histoire

La Rhodonite doit son nom au grec *rhodon*, qui signifie « rose ».

Ses bienfaits et ses bénéfices

- C'est la pierre de l'endurance et de la confiance en soi.
- Avec une énergie douce et apaisante, elle apporte aussi un effet de protection.
- Elle est d'un grand soutien lors de changements et de processus de renouvellement.
- Elle favorise l'estime de soi.
- Elle apaise et harmonise l'âme.
- Elle adoucit les blessures du coeur.
- Elle accroit la faculté d'apprentissage et de persévérance.
- Elle développe les capacités d'écoute d'autrui.

Purification/rechargement

Elle se recharge dans de l'eau sans sel, au soleil, ou géode ou amas d'Améthyste.

L'UNAKITE

Vision, ancrage, équilibre, clarification, mental, émotions, spiritualité.

Elle est liée au 1er chakra ou chakra racine (Mûlâdhâra), qui enracine dans le présent et favorise la prise de conscience des énergies, et au 6e chakra ou chakra du 3e œil (Ajnâ), centre de la conscience.

Voir les explications sur les chakras p. 185-191.

Son aspect

Cette pierre de la famille des granites est de couleur vert/vert foncé à rose opaque. C'est une pierre sédimentaire constituée principalement d'orthose, d'épidote et de quartz.

Son histoire

Découverte en 1874 au sud des États-Unis, elle doit son nom aux montagnes où elle a été trouvée : les montagnes d'Unaka. Cette pierre est aussi connue sous le nom de « pierre épidote ». Originellement, l'épidote fut découverte par René Just Haüy en 1801, et doit son nom au grec *epidosis* signifiant « complément ».

Ses bienfaits

- C'est une pierre de vision qui équilibre les émotions avec la spiritualité.
- C'est aussi la pierre de l'amitié.
- Elle permet de se retrouver face à soi-même.
- Elle aide à visualiser le passé et l'avenir afin d'identifier les problèmes et de les résoudre.
- Elle permet d'apprendre à relativiser sur les situations, mais aussi de prendre du recul.
- Elle fournit également un bon ancrage en cas de besoin.
- Elle favorise la convalescence et le rétablissement après des maladies graves.
- Elle est recommandée aux femmes enceintes, qu'elle accompagne tout au long de la grossesse.

Purification/rechargement

Elle se recharge dans de l'eau salée, en terre, aux rayons du soleil ou sur un amas de quartz.

ANNEXE : CHAKRAS ET PIERRES

Les chakras sont les points d'énergie. Ce sont des centres de régulation et de transformation de l'énergie de vie. Ils se situent aux croisements des canaux subtils (ou canaux d'énergie) de votre corps. Ils agissent comme des antennes et des centres de communication avec vos organes, ils vous mettent en communication avec la terre et avec le ciel.

Il existe sept principaux chakras, qui correspondent aux sept glandes principales du système endocrinien. Ce sont les plus faciles à identifier et à ressentir. Chaque chakra a une fonction différente et chacun est en correspondance avec une couleur et avec une pierre.

La qualité énergétique des chakras dépend de votre état émotionnel, mental et spirituel. Le but est qu'ils soient équilibrés afin que l'énergie circule de façon optimale dans tout le corps. Leur bon fonctionnement amène un état de bien-être général, et la sensation d'être en forme et à sa place.

Les 7 chakras principaux

1er chakra – chakra racine ou Mûlâdhâra : J'EXISTE

Ce chakra se trouve au niveau du périnée, le point entre l'anus et les organes sexuels.

C'est ici que se trouve votre réservoir inépuisable d'énergie, il est le centre de votre circulation énergétique.

C'est l'un des points qui sont largement activés lors de l'utilisation des œufs de Yoni.

Il est en lien avec vos besoins fondamentaux (sécurité, nourriture/eau, reproduction). Il est également relié à la nature et à la Terre-Mère.

Lorsque ce chakra est en harmonie, vous avez confiance en vous, vous avez une bonne vitalité physique, vous vous sentez bien et ancrée.

Ses pierres : l'aventurine bleue, la cornaline, le jaspe rouge, l'obsidienne, l'unakite.

2e chakra – chakra sacré ou Svâdhistâna : JE SENS

Ce chakra se trouve quelques centimètres sous le nombril. Il est le centre des émotions, des énergies sexuelles et des forces créatrices. Il est en lien avec la joie, le plaisir et la compassion.

Il met aussi en lumière vos relations aux autres, et notamment vos rapports avec le sexe opposé.

Lorsque ce chakra est en harmonie, vous savez exprimer vos émotions et vous faites confiance aux autres. Vos sentiments sont spontanés, vous êtes naturelle.

Ses pierres : l'agate, l'aventurine bleue, l'howlite, le jade dalmatien.

3e chakra – chakra du plexus solaire ou Manipura : JE CRÉE

Ce chakra se trouve au niveau du plexus solaire, entre les côtes basses au niveau du diaphragme. Il est le centre de votre pouvoir personnel, de votre volonté, de votre liberté et de votre facilité à être vous-même. Il renvoie également à qui vous êtes sur terre, quelle est votre place.

C'est ici que vos sentiments et vos émotions se transforment en inspirations et en idées.

Lorsque ce chakra est en harmonie, vous vous respectez et vous savez accueillir les autres tels qu'ils sont. Vous ressentez une grande sensation de paix et d'harmonie intérieure.

Ses pierres : l'aventurine bleue, l'howlite, le jade jaune, l'œil-de-tigre.

4e chakra – chakra du cœur ou Anâhata : J'AIME

Ce chakra se situe au centre de la poitrine. Il fait le lien entre les trois chakras inférieurs associés au corps physique et les trois chakras supérieurs associés aux corps spirituels. Il crée l'interconnexion entre les deux espaces.

Il est le siège de l'amour inconditionnel que l'on ne peut ni posséder ni perdre. Les relations sont sans conflit et sincères.

Lorsque ce chakra est en harmonie, vous ressentez de la compassion, vous avez de la joie de vivre. Vous atteignez un niveau de détachement et de sagesse qui vous amène vers l'amour inconditionnel.

Ses pierres : l'aventurine verte, le jade blanc, le jade vert, le quartz pastèque, le quartz rose, la serpentine.

5ᵉ chakra – chakra de la gorge ou Vishuddha : JE COMMUNIQUE

Ce chakra se trouve au niveau de la gorge et régit notamment la gorge, la mâchoire, le cou, les oreilles et les bronches.

C'est le centre de la communication avec les autres (parler et écouter).

Il est associé à la communication intuitive et à la créativité. Il permet d'entendre la « petite voix intérieure » guidée par la force créatrice.

Peu importe le moyen choisi pour vous exprimer (danse, dessin, chant, musique, écriture...), l'outil vous permet d'extérioriser ce qui est à l'intérieur de vous-même.

Lorsque ce chakra est en harmonie, vous savez écouter les autres avec le cœur, vous êtes un bon orateur, vous êtes un artiste inspiré.

Ses pierres : l'agate, la serpentine.

6e chakra – chakra du troisième œil ou Ajnâ : JE PERÇOIS

Ce chakra se situe au milieu du front, juste au-dessus des sourcils.

Il est le siège de la connaissance et de la perception. Il est aussi le centre de la vision intérieure et de l'intuition. Il est le lien entre le mental et les informations subtiles.

Lorsque ce chakra est en harmonie, votre esprit est vif, vous avez une bonne capacité de visualisation et une bonne compréhension intuitive des choses. Vous développez vos dons de télépathie, de clairaudience et de clairvoyance.

Ses pierres : le quartz cristal, l'unakite.

7e chakra – chakra couronne ou Sahasrâra : JE SAIS

Ce chakra se situe au sommet de la tête, il représente le plus haut niveau de conscience de l'être humain.

Il est le siège de tout le système de croyances et de valeurs. Il est la zone de notre conscience liée aux perceptions d'unité ou de séparation.

Son énergie est associée au monde spirituel et permet d'expérimenter le mystique et l'illumination. Il nous relie au divin.

Lorsque le chakra est en harmonie, vous vous ouvrez à l'énergie divine et avez accès à l'inconscient et au subconscient.

Ses pierres : l'améthyste, le quartz cristal, la fluorite.

Quand tous vos chakras sont harmonisés, en équilibre, voici comment vous vous sentez…

Je suis

divine

connectée

expressive

amoureuse

forte

créative

sûre

TÉMOIGNAGES

Voici trois témoignages parmi des centaines issus du groupe privé Facebook consacré aux œufs de Yoni...

« Un petit partage de mes premières expérimentations avec mon œuf, un quartz cristal. Le premier essai ne fut pas une franche réussite... J'avais probablement trop d'attentes et pas pris suffisamment de temps pour accueillir l'œuf dans ma grotte sacrée. Je me suis ensuite dit que j'allais commencer par le porter la nuit (histoire que lui et moi on puisse se familiariser en douceur), et là... coup de foudre !

Après quelques jours d'utilisation, je sens de superbes vibrations dans mon corps. La sensation se fait chez moi au niveau du cou et de la nuque (ne me demandez pas pourquoi). Mais, d'un point de vue général, je me sens alignée, confiante, et MOI... tout simplement.

Après deux enfants nés par voie basse, mon périnée est un peu paresseux. J'avais donc peur de ne pas réussir à garder l'œuf. Après quelques jours, j'arrive à le garder de plus en plus longtemps en journée... C'est un peu comme s'il me demandait de le porter.

Je comprends mieux les paroles de Peggy quand elle nous parle de force créatrice, de féminin sacré... Je prévois d'acheter un deuxième œuf histoire de pouvoir comparer les effets. »

Carole.

“

« Un petit retour par rapport aux œufs de Yoni, au niveau effet physique sur le corps. J'avais choisi le jade par rapport notamment à des soucis circulatoires (sang et lymphe) qui provoquaient une couleur violette au niveau de ma cheville gauche et de mon pied gauche, et surtout un œdème important régulièrement...

Dès les premiers jours où je l'ai porté, j'ai constaté une amélioration de la couleur et de l'étendue de celle-ci, et surtout même malgré le temps lourd et chaud. Pas d'œdème, même quand je ne le porte pas plusieurs jours. Comme si l'effet déclenché perdurait dans le temps.

Ma thérapeute en médecine chinoise a constaté ce changement aussi. Elle m'a dit n'avoir jamais vu mon pied ainsi depuis qu'elle me suit. La dernière fois, il était "bouillant" et, maintenant, il est tout à fait normal au niveau température aussi. L'œuf renforce sans doute l'effet "circulation d'énergie" des séances d'acupuncture. Même après mon sport, ma cheville ne gonfle pas comme avant. C'est vraiment top ! Je commençais à me demander si je n'allais pas devoir apprendre à marcher sur les mains. La solution œuf est plus facile à mettre en application ! »

Catherine.

« C'est étonnant comment agit un œuf de Yoni ! J'ai choisi un œuf en aventurine pour ses vertus permettant de poser ses limites. Ma nature passionnée m'a toujours poussée à aller au-delà de mes limites, en me surinvestissant, dans tous les sujets, objectifs ou défis suscitant mon intérêt. Ce surinvestissement se traduit par un oubli du temps jusqu'à ne pas manger, dormir ou même bouger. Les conséquences sont multiples dans ma vie, au niveau du physique, dans lequel je puise mes ressources sans l'écouter, et qui nécessite des temps de récupération de plus en plus longs lorsque j'achève ma "tâche" ; au niveau relationnel (le quotidien est difficile à vivre dans ce fonctionnement) ; au niveau de mes projets aussi (je m'enflamme pour un projet, pas nécessairement le mien, et il devient presque une obsession jusqu'à aboutissement... ou désintérêt).

Quand j'ai reçu mon œuf de Yoni en aventurine, j'étais très excitée à l'idée de faire cette expérience, qui avait vivement piqué ma curiosité. Mais hors de question de se faire un plan à la va-vite sous une porte cochère.

Je décide donc de nous préparer l'un et l'autre à cette rencontre intime. Première étape, une petite mise en beauté chacun de notre côté. Pour lui, un plongeon dans un bain d'eau de source additionnée de sel de Guérande et une séance à la lumière douce du soleil matinal, histoire d'être dans une belle énergie et d'offrir le meilleur. Pour moi, classiques soins du corps, bain délassant, gommage et hydratation, histoire d'éveiller ma sensualité, de me reconnecter à ma part douce de féminité et d'être prête à l'accueillir. Puis vient la seconde étape, le flirt. Je le porte près de mon cœur, pour faire connaissance durant quelques jours. Je le sens, je le goûte, et il m'apprivoise. Je sens déjà son énergie, elle circule en moi et je le réchauffe. Cela m'apaise, et je me sens maintenant prête pour les préliminaires.

Un peu anxieuse tout de même, je m'informe sur les différentes pratiques et j'opte pour le porter la nuit pour commencer. C'est parti pour un rituel assez proche d'une parade amoureuse, je me détends, je me caresse, je teste le terrain jusqu'à ce que mon temple accepte de s'ouvrir et accueille mon œuf en lui. Je suis émue et j'observe les réactions de mon corps, qui vibre à ce contact…, et je m'endors telle la Belle au bois dormant. Le lendemain, je suis réjouie de me trouver reposée et sereine.

Toutefois, je suis vite rattrapée par la peur qu'il ne souhaite pas ressortir. Ou qu'il le fasse à un moment le plus mal choisi ! Panique à bord ! Pour me rassurer, je teste la position de la grenouille… Et, ouf, me voilà rassurée, il sort facilement. Mais cela me laisse un sentiment d'avoir forcé les choses et je m'en veux. Durant quelques jours, je fais l'autruche et je tente d'oublier que mes peurs ont pris le dessus et ont un peu gâché cette expérience.

Puis je me refais le film pour en tirer les leçons et me donner une chance d'expérimenter à nouveau dans de meilleures conditions. Je cesse de faire la princesse charmante. Je reviens à l'essentiel : pourquoi ai-je choisi de faire cette expérience avec cet œuf-ci et pas un autre ?

J'ai choisi l'aventurine pour ses vertus, et notamment celle de m'apprendre à poser mes limites. C'est dans cette intention particulière que j'expérimente à nouveau.

Cette fois-ci, je laisse l'œuf faire sa vie et ne force rien. Je passe la nuit puis la journée jusqu'à... ce que je m'aperçoive que j'ai terriblement mal à la vessie ! Je ne suis pas allée me soulager de toute la journée (tout en buvant énormément comme tous les jours). Ai-je retenu (inconsciemment) mon œuf et tout le reste avec ? Je n'arrive pas du tout à décontracter mon périnée, et je choisis de retirer mon œuf.

Et là..., la révélation, mon œuf m'a transmis à sa manière la leçon sur le choix que j'ai de poser mes limites et d'agir en conséquence. Je m'aperçois que j'avais remis le pouvoir entre les mains (inexistantes !) de mon œuf ! Et, à sa manière, il m'a délivré le message que j'avais besoin d'expérimenter et pas seulement de mentaliser : je suis la seule à savoir ce qui est bon pour moi et je peux faire le choix de poser mes limites. Je suis réjouie et j'éclate de rire.

Quelle belle leçon... »

Lætitia.

CARNET D'ADRESSES

Le lien pour avoir accès à toutes les ressources du livre (webinaire, méditations...) :

https://cursus.academie-developpement-personnel.com/livre-a-la-decouverte-oeuf-de-yoni

Claudie Morizot

Coach en sensualité, animatrice de stages pour femmes, animatrice de stages d'initiation au massage tantrique, formatrice de coachs.

Claudie vous accompagne pour redécouvrir le plaisir d'être une femme, vous apprend à vous aimer pour mieux aimer et être mieux aimée.

www.sensualité-sexualite-femme.fr
www.coach-formations.fr

Efféa Aguiléra

Praticienne en techniques corporelles, thérapeute psychocorporelle, danse-thérapeute en expression sensitive®.

L'art d'Efféa est de révéler l'intelligence féminine intrinsèque par la voie du corps en mouvement, la visualisation, la parole. Elle accompagne les femmes à la redécouverte de la puissance naturelle de leur périnée, les aide à vivre leur potentiel de guérison intérieure, à renaître pleinement à elles-mêmes.

www.effeaaguilera.com

Jacques Ferber

Professeur d'université, spécialiste des sciences cognitives, il a été formé au tantra et au reiki, à l'analyse symbolique des rêves et des mythes, au yoga, à la méditation et à différentes traditions spirituelles. Il anime des stages de tantra.

http://tantra-integral.com/

Caroline Gauthier

Auteure du roman initiatique à succès *Au nom du corps*, conférencière, coach et formatrice, directrice de Hâpy Terra Formation, créatrice de la formation en ligne *Vivre sa Nature.*

www.aunomducorps.fr
www.hapyterra-formation.fr

Véronique Martin

Coach en libération des potentiels (elle utilise les cristaux dans son travail).

www.eveiletenvol.fr

Marie Sahuguede

Sophrologue.

Elle accompagne les femmes qui se sentent bloquées pour qu'elles se reconnectent à leur corps et à leur âme afin de vivre plus sereinement leur vie de femme, mère, épouse, et leur vie professionnelle.

msahuguede-sophrologue-pibrac.com

Sabine Rainard

L'« éclaireuse ». Elle aide les personnes à y voir clair, à s'aligner avec leur cœur et à devenir les créatrices d'une vie lumineuse.

https://sabinerainard.com/

Francesca Volchitza Martha

Créatrice hybride, peintre, illustratrice, danseuse et chorégraphe, comédienne, metteuse en scène et auteure.

Sa recherche est axée autour de l'être humain et de la relation entre féminin et masculin.

www.volchitzafranz.com

Julien Ribeill

Compositeur, arrangeur, auteur, producteur, enregistrement de voix off et production musicale (Studio du Fleuve).

studiodufleuve@gmail.com

Cedric Lebigre

À travers son projet ArtisanDuSon, Cedric Lebigre utilise le pouvoir de transformation du son en alliant les vibrations d'instruments traditionnels de guérison à des fréquences numériques spécifiquement choisies pour favoriser les expériences méditatives et métaphysiques.

https://artisanduson.bandcamp.com

TABLE DES MATIÈRES